A BIZ DATE WITH THE WORLD

与全世界做生意

《与全世界做生意》栏目组◎著

中国财经出版传媒集团
中国财政经济出版社

图书在版编目（CIP）数据

与全世界做生意/《与全世界做生意》栏目组著.—北京：中国财政经济出版社，2017.1

ISBN 978-7-5095-7153-8

Ⅰ.①与… Ⅱ.①与… Ⅲ.①跨国经营-研究-中国 Ⅳ.①F276.7

中国版本图书馆 CIP 数据核字（2016）第 297020 号

责任编辑：潘　飞　　　　责任印制：刘春年

责任校对：徐艳丽　　　　版式设计：丁丁图文

中国财政经济出版社出版

URL：http://www.cfeph.cn

E-mail：cfeph@cfeph.cn

社址：北京市海淀区阜成路甲 28 号　邮政编码：100142

营销中心电话：010-88190406　北京财经书店电话：010-64033436

北京时捷印刷有限公司印刷　各地新华书店经销

787×1092 毫米　16 开　18.75 印张　167 000 字

2017 年 1 月第 1 版　2017 年 1 月北京第 1 次印刷

定价：49.80 元

ISBN 978-7-5095-7153-8/F·5737

（图书出现印装问题，本社负责调换）

本社质量投诉电话：010-88190744

反盗版举报热线：88190492　88190446

序

我想为永不停歇的商业精神献上敬意

商人，商业化，在商言商，商人重利，无奸不商，反正和“商”这个字有关的词儿，在中文里都不怎么讨人喜欢。重农轻商了几千年，中国社会又一夜间变成似乎人人都在经商。从一个极端到另一个极端，商业的名声却没有变得更好，它似乎总是和铜臭味、拜金主义、唯利是图等连在一起。

我们常常埋怨商业让我们异化，其实我们也同样担心工业对人的异化、科技对人的异化。所以，问题是人，而不是商业本身。

在我看来，商业精神和这样一些事情有关：

规则、交流、合作、妥协、创新、共赢。

之所以我们将那些沉淀下来的价值称为“商业文明”，是因为那的的确确是一种“文明”。

一时的利润可能让人疯狂，但真正的商业精神，让人类必须更理性地共存于这个世界。

我想为每个鲜活的个体生命献上赞美

生意当中，最核心的要素是人。什么样的人能与全世界做生意？

自由的人。平等的人。独立的人。

自由意味着自主选择，意味着多样化、流动性。平等会为今天的落伍者保留明天改变命运的机会。独立会让中国人面对世界的时候，不卑不亢。

我们的故事主人公，都有自己鲜明的个性，他们就是他们自己，不是一个符号，不是一个概念，不再只是被“勤劳”“勇敢”“智慧”定义的群体。他们有自己的愿望和行动。挣钱过上好日子的快乐是真实的，为此付出的代价也是真实的。

所以，我们选择了普通人的故事，切入

他们生活的一个侧面，去看生意如何释放了个体生命的能量，遇见世界又如何改变了个体生命的轨迹。

他们是一个，一个，一个，有名有姓、有故事的人。

我想留下精彩纷呈又五味杂陈的时代细节

"纪录片是一个民族的相册"，这句话被反复引用，让纪录片工作者对自己的工作充满责任感和自豪感。纪录频道开播时的宣传片里有过这么一句台词："留住今天，留住明天的历史。"

问题来了。有一天，当后人想看看我们生存的这个时代，他们能看到什么？我们应该记录什么？

当我们去看一百年前的黑白影像时，让我们激动感叹的，永远是那些细节。那时候的人穿什么、吃什么，他们怎么生活。他们的一个笑容，一个回眸，这些有温度的画面远比一个历史的大全景更吸引我们。

所以，我喜欢导演们拍到的那些不断的奔跑，脸上的汗滴，饭桌上的争吵，精明的眼神，数钱的笑容，无处不在的励志标语，城市化进程中的新旧并存，还有那些没有修饰的语言，各种口音的英语，老外喊出的一句"老板娘"……所有带着时代的体温，甚至还带点粗糙的镜头。

做完《与全世界做生意》，我加深了这样的感悟：把生活交给纪录片，把观察交给纪录片，把纪实还给纪录片。

我想看看世界眼中的中国，中国眼中的世界

2006 年，《大国崛起》播出。
2010 年，《公司的力量》播出。
2015 年，《与全世界做生意》播出。

从国家，到企业，到个人，有幸在十年间走过了宏观到微观的观察历程。以世界为坐标看中国，这几部片子在精神上是一脉相承的。秉持的是同一个理念。信仰的是同一种价值。

中国和世界的交流，从未间断。中国离不开世界，世界也离不开中国。这些简单的常识，我们用了很长时间才明了。或者说，我们还需要不断重复这些简单的常识。

三十多年来，中国社会最重要的关键词就是：改革，开放。这两个词，值得我们大写在民族的历史上。从某种意义上看，或许开放比改革更重要。

这两个词，在我们的这部纪录片中就是：放眼寻路中国，转身遇见世界。

上面所说的，是《与全世界做生意》的出发点。这些话在片子当中一句也没有。做纪录片的人都懂得：表达和到达中间，最

好的桥梁是故事。

所以，走到终点时，我想说，我们只是讲了一些正在发生的中国故事，你我都在其中。

这是一部什么样的纪录片？

“纪录片人最宝贵的是片子，一部片子属于你只有一次。一部片子应该这样结束，当你回首往事的时候，不会因为前期调研不充分而悔恨，不会因为采访拍摄不到位而遗憾，也不会因为后期制作不精良而羞耻。这样，在播出的时候，你就能够说：我的整个三年和全部精力，都已献给它。”

我写下上面这段话的时候，离《与全世界做生意》播出还有两周时间。大家都知道，这个时候大（dà）局（shì）已（yǐ）定（qù），剩下的就只有遗憾。

一开始，就给自己设下三个套

第一个：不要什么？
1. 不要发家史。
2. 不要致富经。
3. 不要高冷的经济学术语。
4. 不要那些有距离的故事。

第二个：要什么？
1. 要拍摄当下正在发生的事。
2. 要和世界有关系，更要和个人有关系。
3. 要在生活细节里表现生意。
4. 要看到人。

第三个：空间和时间。
1. 每个故事只有 10 分钟左右的展示空间。
2. 每个故事只有 10 天左右的拍摄时间。

所以，这部纪录片，有一个文科生的目标，和一个理科生的计划。这样一个外延极其宽泛的命题，不同的人可以做成不同的模样。我一直认为，限制，是个性的起点，使最终的呈现是“这部”片子，而不是“那部”片子。由此产生的，并非“遗憾”，而是节目先天就带着的胎记。

生活是万花筒，商业即众生相

坚持用“做生意”为题，证明我们也是另一类的标题党，一群不专业的人，希望能用不专业的角度和不专业的语言，讲一讲大家觉得很专业的经济话题。在很多人的意识里，政治、经济之类的词语，都是硬邦邦的、严肃端庄的，但其实它们离我们很近。

我们每个人每天都生活在各种生意里，与世界发生着主动或被动的关联。有时候我们是生产者，有时候我们是消费者。生意，是生存需要，是生活方式，是生命体验。

所以，这部纪录片，用 7 集篇幅，讲述了

7个主题：中国和世界，远和近，旧和新，快和慢，大和小，有形和无形，今天和未来。这是我们理解的，生意带给社会的影响和改变。

片中传达不到位的地方，确实是能力不及之处。大千世界，纷繁复杂，还有太多我们没有能够理解和领悟的事情。

故事，表达

这是在纪录片创作中最容易造成误解的两个词语，一再定义也还是存在各自理解上的偏差。有时候争吵半天，才发现大家可能说的不是一回事儿。

故事是表达的载体，表达是故事的灵魂。肉体和精神，孰轻孰重？

一开始先请导演们明确要表达什么，接下来问导演要故事、故事、故事，最后再问导演故事是否表达了什么。通俗点说：你说这个故事想干吗？遗憾的是，并不是每一个故事都能抵达目标。

有些看似有趣的细节，有意思的矛盾、冲突，最后被舍弃了。因为与主题表达无关的东西，越精彩，越丢分。

同样，有些很想传递的理念和价值，最后也被舍弃了。因为没有拍到可以承载的故事，不能让小孩穿大人衣服。

无论是从故事出发的表达，还是从表达出发的故事，最终能入脑入心的，才是好的故事，好的表达。

播后7日

每集片子都看了几十遍。

那些打动我的地方，多是源于感同身受。比如工业化要求的规矩和执行力，比如年轻模特的勇气和奋斗，比如去远方的诗意，比如西服定制店老板的职业投入，比如手艺人的底线和生意人的变通，比如关于加班的辩证法，比如北京胡同缝隙里滋生的创造力，等等。

即便是媒体纪录片，依然是非常个人化的产物。如果这些细节也触动了你，那就太好了。

创作者的想法是：节目播出，就与导演无关了。

商人的想法是：节目播出，才是产品销售的开始。

经历了3年对商业社会的观察与思考，我和我的小伙伴们依然在两者间徘徊。纪录片需要执着低调、坚守自我的手艺人，文化市场却需要我们倾听需求、做出改变。

所以，我们毫无疑问就是这个时代的一分子，同样时时刻刻面临着选择，同样在每一次失去的同时获得。

播后 7 日，逐渐接受遗憾是纪录片的一部分。从事纪录片工作纯属偶然，转眼已近 20 年，正如有人所言：对偶然的忠诚才能成就命运。虽然 20 年中遗憾从未停止，但也正是由此，才会启动下一次的远行。

感谢 3 年中每一位给予指点、支持和帮助的人。

感谢团队中每一位成员的坚持和付出。

感谢命运一般的纪录片。

《与全世界做生意》总导演　周艳

制片人说 / I

《与全世界做生意》的人 / V

音乐是“记录”的一部分 / VII

第一集 与世界的距离 / 1

今天的世界，某种意义上是一个贸易创造的世界。

人类生来就有一种将一件物品转移，并与另一件进行交换的癖好。

从物与物的交易开始，人与人的交流、文明与文明的交融就不曾停止过。

生意，就这样改变了中国与世界的距离。

追访 张华荣 / 李昌宪 / 刘雯 / 陈仕梅 / 汪建

我导·我说 张铭欢

第二集　去远方 / 45

全球化背景下的中国人从来不缺乏勇气和冒险的精神。
他们逾越地理的距离，突破心理的疆界，
在怀疑与冲突中前行，用自己的方式闯入全新的世界。

追访　李海彬 / 王琤 / 林洁

我导·我说　马羽洁

第三集　买卖不死 / 83

它们是古老的买卖。历经千百年，依旧活在今天。
世界总是在变，却也有一些亘古不变的法则。
传承之路并不平坦，但总有不死的中国人，背负着各自的使命，一路向前。

追访　沙哈提 / 李文英

我导·我说　杨晓清

第四集 时间就是金钱 / 121

身处这个疾速前行的时代，前所未有的紧迫感催促着人们。

一路奔跑的中国人，耳畔回荡着响亮的声音：

时间就是金钱！

追访 刘希

我导·我说 马羽洁

第五集 大生意 / 163

13 亿人的生存压力和对美好生活的向往，正在制造超级生意。

走向繁荣的道路充满艰辛。

世界级的大生意背后，隐藏着无数普通人平凡而热烈的生命故事。

追访 夏新瑞 / 朱定定

我导·我说 胡珩

第六集 看不见的博弈 / 197

文化是门好生意。

当源远流长的中国智慧遇见时刻需要创造力的世界市场，

有的人把生意做成了文化，有的人把文化做成了生意。

追访 张力刚 / 裴康凯 / 刘江南

我导·我说 张铭欢

第七集 未来的利润 / 237

利润，曾经是生意的最高目标。

然而，无法停下的脚步提醒我们：

如果不能让更多的人获得更好的生活，我们将难以走向更远的未来。

追访 栾军 / 洪鹏 / 刘建业 / 德清

我导·我说 李燕

驼马由来拥“心”门（编辑手记）/ 268

○ 制片人说

写在开播前的话：给我无比熟悉你你根本不认识我的那些你

这是一种奇妙的感觉——

喜悦，兴奋，遗憾，朝思暮想，夜不能寐……掺杂着，交织着，纠缠不休。

相处了两年，我熟悉你的每一个表情，每一个动作，每一个细微的情绪变化……

无数次，想象中，街头转角遇见你，我绽开笑容，疾走几步，跳到你面前，伸出双臂拉住你的双手摇晃：你怎么会在这儿？！

喜悦得就像个二货。

你，显然受到了惊吓，茫然无措。

噢，对了，你不认识我。

这便是一个纪录片制片人的悲哀：

我爱着你，你，却不认识我。

3 年前的夏天，《与全世界做生意》剧组人马齐整，开始发出寻人启事。

好像是从 2013 年那个春天的植树节开始，经过各种苦苦等待，拜托各路牵线搭桥，我的小伙伴们开始跟你或明火执仗或暗送秋波或隔空喊话或鸿雁传书，陆陆续续终成正果。

目送着每一位导演出发去和你相会，想象着你们会是怎样的相见恨晚，琴瑟和鸣。

我跟着忙活着，焦虑着，欣慰着。

但是我知道，你，不认识我。

2013 年秋天，北京的树叶开始纷纷落下，我开始陆续与你见面。尽管是在拍摄的素材中，但是那样鲜活，那样生动，那样带着或热烈或温润的生命温度，几个月下来，我爱上了每一个你，难舍难分，不离不弃。

记忆中，最初见到的是东莞鞋厂的张华荣，执行总导演张铭欢把你带到了我的面前。看到非洲兄弟在你的招呼下一脸严肃地练队形唱厂歌，真是哭笑不得，看你故作亲切地和非洲兄弟共进午餐，特别想直接问你，旁边没有摄像机你是不是可以更自然些？要不要介绍你读一读《演员的自我修养》呢？可是，这都不影响我爱上了你。

印度的小客栈老板李海彬，好喜欢你不温不火说话的样子。如你所说，印度真的是一个 incredible 的地方，为了让导演马羽洁去和你约会，办个印度签证就历经千辛万苦，好不容易在凌晨 3 点得到她过了海关的消息，没过多久又听她说拍完了你，仅仅站在一个高楼上试了试长焦，就招来了保安干涉，幸好我们马导手疾眼快藏起了卡，差一点儿我就看不到你那年轻自信的笑容了，那该是个多大的损失。

玉石商人马罗刚，岁月的风霜让你把所有的惊心动魄都转化成了安静从容，却让我和导演杨晓清上演了一次速度与激情。摄制组从北京出发在昆明转道去缅甸和你相见，入缅的前夜拍摄设备却突然出现故障，消息传到北京，制片主任李慷火速组织设备安排人员连夜奔赴昆明机场，在出关前将机器交到剧组手中。两个月后，当我在素材中见到你时，怀揣的是一份共同经历危机的战友情怀，虽然，对于我的险境，你毫不知情。

7 集片子，33 个故事，120 个人物，在一年多的后期制作时间里，无数次与你相遇，感受你的喜怒哀乐，悲欢离合，无数次重复你的名字：刘雯、赵柏闻、林洁、别克、丁铁男、陈政、吴香娟、张力刚、栾军……和你同呼吸，共命运。

爱上了你，无法自拔，虽然，你仍然不认识我。

或许是老天怜我痴心可鉴，2015 年 5 月，节目播出前夕，频道的两次活动邀请了 4 位《与全世界做生意》拍摄对象做嘉宾，尽管整个片子有 120 多人让我心动，但能和其中 4 位握手言欢，已足以让我激动。

和想象中一样，远远望见熟悉的身影，果然像老熟人般疾步向前，难掩兴奋之色。幸好旁边有各集导演相伴，化解了我的唐突和你的尴尬。

“草王”张仁武那一句“趁光阴正好，我去远方”不仅得到了我的仰慕，也俘获了诸多文艺男中年曾经驿动的心，此次相见，欣然发现醇熟商人的外表下仍然藏不住文艺的马脚。

印度客栈当大厨的小宇接替去了美国的李海彬成了新一任老板，质朴淳厚的笑容如他的前任一样可爱。

阿里巴巴的电商朱定定，还是留着标志性的小辫子，还是像片子里面一样健谈，拍摄他的那集导演胡珩是全剧组口头表达最好的，在他面前似乎还是有点儿甘拜下风。

最令人激动的是终于见到了红帮裁缝陈家宁、陈风凡父子，和之前片中见到的风度翩翩儒雅谦恭有过之而无不及，本集导演有事不能陪同，反倒成了我的幸事。喝茶聊天，意犹未尽。得知陈家宁先生这位定制西服店的老板还毕业于美国南加州大学工商管理和国际金融专业，敬仰之情更如滔滔江水连绵不绝……

虽然只见到了 4 位，但是可以断定，爱上了其余的 100 多个你，没有错。

片子播出之前，翻来覆去地审看了无数遍，全神贯注查找属于电视业务本身的各种瑕疵以力求完美，但每次我都会有几个瞬间的恍惚，又一次被带入你的世界。

两年的相处，足够让我爱上你，矢志不渝。

虽然，直至今日，大多数的你，依然不认识我是谁。

写在开播后的话：将差错进行到底

我或许是个标题党。

我其实想说的是，将查错和改错进行到底。

但是，我发现一个问题：无论下多大的决心，集合多少双眼睛，反复看多少遍片子，最终我们和差错之间的较量总是以微弱的失败告终，总会有一个或者两个差错坚守在已经播出的节目中，带着胜利的欠扁的笑容，示威。

是的，差错很微小，微小到几乎不可察觉，但是它们就像最细小的鱼刺扎在喉咙上，让人抓狂。

纪录片越做到最后，越没有成就感。考深度的主题表达、考难度的叙事技巧、考智商的结构搭建、考情商的意境拿捏都已尘埃落定，只剩下考眼神的查遗补缺。

纪录片这个物种，有本事把与之相关的所有人活生生折磨成强迫症，即便是我这样神经超级大条的白羊座。最惨烈的记忆是做《公司的力量》的时候，会同若干同伴完成第七次合成版审看，进入第八次时，居然发现把一位男专家的名字打成了另一位女嘉宾的！真的是整个人都不好了！

这一次，都“与全世界做生意”了，依然在劫难逃。

第一集播出了，第二集播出了，反响强烈，好评频传，但是总觉得应该还有点别的什么发生，果然，分集导演发微信来说，一个摄影助理的名字打错了，人家叫明胜，被我们打成了名胜。责编深感抱歉，但同时，也有那只靴子终于落了地的踏实感，不出个错，怎么配叫“大片”？

在第四集播出前 4 个小时，第六集、第七集终于完成最后一轮审看，提交播出线。知道我们那位在立意上高瞻远瞩、文字上精准传神的女神总导演最后一条审片意见是啥？是指着一个人名字幕条高声断喝：停！这个球大了！（看过我们节目的观众都知道，我们片子中的人名字幕条底版是一个圆滚滚的地球拖出一条淡蓝色的长尾。）

若干年前，纪录片行当里备受尊重的康健宁老师在审看一部片子时，曾经指着一屏断句不够准确的唱词字幕批评道："这行字幕打得，没教养！"

多少年过去了，"没教养"这三个字常在耳边，挥之不去，它的内涵包括错别字、字幕断行、人名字幕条的位置、提示性字幕的停留时间……这些看似没有任何技术含量和专业高度的细枝末节，导致临近播出时大家都变成了神经病！

但是，没有什么办法根治，因为我们做的东西叫——纪录片！

我的同事，著名的张师傅说过，做一个纪录片其实就是在玩一个游戏，游戏的名字叫"大家来找茬"，播出之前是剧组自己玩儿，找主题的茬，找叙事的茬，找表现的茬，找情绪的茬，找错别字的茬……播出之后是带着观众一起玩，找所有想得到和想不到的茬。所以也就释然了，如果不留一两个破绽，游戏的快感和成就感从何而来呢？

《与全世界做生意》制片人　张旭

○《与全世界做生意》的人

第一次和《与全世界做生意》的导演们在一起开会的时候，我有点担忧。

导演们，尤其是女导演们的穿着打扮、言谈举止之间所流露出的气质和“与全世界做生意”之间的反差过于强烈。纯棉白衬衣、半旧牛仔裤、亚麻长裙、蜡染书包、平跟布鞋让空气中飘满了文艺的味道，而不是生意的味道。

这和我经常混迹的圈子是两个世界。在那个圈子里，有人说首长的名字总是不经意省略掉姓，有人可以随时拨打财富榜首富的电话号码，有人时常说起有顶级经济学家和司局级以上领导参加的饭局，有人总是头一天吃进第二天涨停的股票。

我很快明白之所以被邀请充当策划的原因——在文艺的清香里加入“铜臭味”。

总导演周艳，在微博上从来没有把 140 个字的指标用完过，总是用几个或者十几个字表达十分复杂的情绪。开会的时候，声音永远保持在一个特定的低分贝区，永远不说“不对”“不行”“不好”。作为《大国崛起》和《公司的力量》等宏大叙事纪录片的主创成员，她是唯一一个长时间从事过财经类节目创作的导演，尽管她可能一直不喜欢。

我们上一次的合作在 10 年前，作为央视 3·15 晚会的共同总撰稿人，她总是能用一个短句，让我自觉地建议删掉自己那些情绪饱满的排比句。

首先讨论的是《与全世界做生意》不是什么。很快达成的共识是它不是全球版“致富经”，不是生意版“华人世界”，不是中国版“大国崛起”。那它到底是什么呢？直到节目临近播出，我只能把它总结为“一部记录和全世界做生意的生意人做生意的纪录片”。

接下来，我们用更多的时间来讨论，哪些生意和哪些生意人更能够代表当下作为世界第二大经济体的中国在全世界贸易和投资中的现状。一些大国企的大项目、更多投资而不是贸易的案例、一些投资地点更加冷僻的国家、一些更高科技含量的项目、一些投资环境更加复杂和过程更加艰难的案例加入进来。而另外一些故事可能更加感人、更加有历史感和文化感但不具备普遍代表性的案例被忍痛放弃了。

在导演们被试图说服放弃自己的喜爱故事的时候，有人抱着一只杯子依然静静地坐在角落里，不站起来，也不提高音量，只是再讲一遍故事。有人憋红了脸，说半句话，然后喘粗气。他们普遍不善言辞，他们最自如的说话方式是镜头，去片子里倾听他们吧。

所以，这样的一群人，呈现给大家的就是这样一部名字听起来气势恢宏，看起来却五味杂陈的普通人的生意以及生活的小故事。我在微信圈里推销它的时候这么说：最具文艺气息的商业片，最有商业内涵的文艺片。

《与全世界做生意》策划、央视财经评论员、《中国财经报道》栏目主编　刘戈

○ 音乐是“记录”的一部分

几年前，在央视纪录频道的一次推介会上，我曾经讲过这么一句话：纪录片适合夜深人静时，端杯红酒一个人看。因为印象中看过的纪录片，品貌端庄、深沉范儿的居多，须要躲避日间的浮躁和杂音，沉下心来琢磨品味。

就在那个会上，我承诺说：有机会的话，愿意为纪录片作曲。

机缘到来得略有些意外——我第一次担任作曲的纪录片，并不是一部传统意义上的“大片”，而是一部“故事片”。

第一次看到《与全世界做生意》时，还是粗剪状态。总导演周艳说让我看几个故事。印象很深的是云南斗南鲜花市场，鲜花拍卖师惊人的语速，显示屏上不断变化的数字，买家们连一个眨眼都怕耽误、抢拍的紧张神情。尤其印象深的是那些奔跑的人，推着装满鲜花的车子奔跑，送别外国客户的奔跑，全身沾满条形码向着包装箱的奔跑。

快快快，仿佛一个巨大的声音在头顶催促我们，我们就这样奔跑了三十多年。

后来我知道，这是全片三十多个故事中的一个，这一集的名字叫“时间就是金钱”，20 世纪 80 年代我们最熟悉的一句口号，曾与十几亿人追赶世界的脚步如影随形。

看完几个样片，我问的第一个问题是：作为导演，拍这些故事的时候，你们的感受是想笑还是想哭？得到的回答是：刚想哭却还是笑了，笑中却依然带泪。

作为一个音乐人，我关注情绪：个体情绪，集体情绪，社会情绪；看得见的情绪，看不见的情绪。

当我们想起共同经历的这个时代和那些感同身受的幸福与苦闷、得到与失去，一定会有一段旋律出现在脑海中，唤醒我们对眼前这些故事的情绪记忆。

我看到的《与全世界做生意》是生动的、鲜活的，里面的人物，尤其是小人物，是能感受到他们呼出的热气的——他们积极努力又饱尝辛酸，艰难奋斗却满怀热望。

正如导演告诉我的那样：故事很励志，但不是鸡汤，故事背后的历史和现实其实是有点儿沉重的，故事里的人正在主动或者被动地经历命运的改变——正如你我。

我们并不仅仅是旁观者。所以我想，纪录片的镜头既是客观的，其实也是主观的；而音乐正好相反，它既是主观的，其实也是客观的。

纪录片的音乐，就是这个时代的声音，它本身就是“记录”的一部分，它与采访同期声、拍摄现场声一起，构建起与影像同等重要的另一个系统。

第一次给大型纪录片作曲，完成得超乎想象的顺利，我和导演组在对故事的情绪认知上高度一致。周艳用文字这样描述：轻快的，工业化的，有进行感，带点黑色。而我第一时间想到的，是《摩登时代》里卓别林在流水线上机械地扳动扳手。

10 天后我完成了全片的主题。导演组的回复是：就是它！

在回旋向上的进取旋律中，卓别林的节奏成为这 45 秒主题的点睛。

让我高兴的是：音乐是有立场的，音乐里隐藏着表达，纪录片的作曲同样如此。

完成了全部 20 条作曲后，我有了一个想法：配器只用 1 架钢琴，3 把提琴。我希望音乐简单而有识别度，角色鲜明但不喧宾夺主，不拔高，不煽情，不捣乱。它只负责牵引，牵引出故事讲述者欲言又止的表达，牵引出故事观看者呼之欲出的情绪。

作曲者常常担心音乐会被淹没，但我更担心它会跳脱。这源自我对纪录片的理解：真实、自然，是最高的艺术。

写歌，做音乐剧，弹钢琴，朗诵。我尝试着用不同的方式和这个世界交谈。

首次给纪录片作曲的经历，让我又多了一种表达的途径。抒情本是我擅长的方式，现在，我还可以用这种更直接的方式，触碰到生活里更复杂的情感。

《与全世界做生意》就是这样一部回到了“记录”的纪录片，与其说它拍的是火热的生意，不如说它拍的是跃动的生命。记得导演阐释“生意”两个字时，说是生生不息之意。看到最终完成片时，我确乎看到了财富故事背后流动着的极为打动人的生命力，和地球一起转动的，也像地球自转一样本能而恒久的生命力。

所以，我也想对几年前说过的话做一点补充：纪录片不仅适合夜深人静时，端杯红酒一个人看，也适合在滚滚红尘里，与同行者分享笑中带泪的人生。

著名音乐人、《与全世界做生意》作曲　小柯

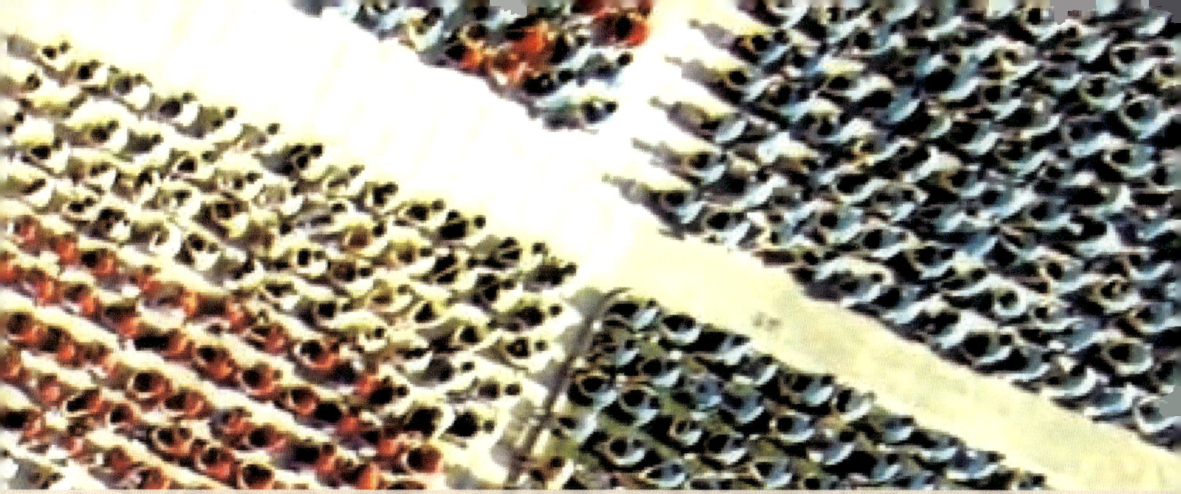

第一集

与世界的距离

今天的世界，某种意义上是一个贸易创造的世界。

人类生来就有一种将一件物品转移，并与另一件进行交换的癖好。

从物与物的交易开始，人与人的交流、文明与文明的交融就不曾停止过。

生意，就这样改变了中国与世界的距离。

1

在中国广东省中南部的珠江口东岸，伫立着一座极为重要的城市——东莞，因地处广州之东，境内盛产莞草而得名。此外，她还有另一个极其文艺的名字：莞城。

可是，这座拥有1700多年建城史的历史文化名城可不像她的名字那么温婉，倒像广东人爱吃的海鲜一样生猛——她名列“广东四小虎”之首，号称“世界工厂”，还是广东重要的交通枢纽和外贸口岸。因为经济极为发达，东莞和她的邻居深圳一样，堪称中国改革开放历程中具有示范作用的前沿阵地。

在东莞，工厂林立，商贾云集，五星级酒店的数量仅次于北京、上海两个一线城市，名列全国第三。在东莞，随处可见千千万万的普通的打工者步履匆匆的身影和疲惫的脸庞。他们怀揣梦想，从四面八方奔赴这里，融入茫茫人潮，在各个工厂的流水生产线上为这个巨大的“世界工厂”奉献着他们的青春、心血、情感、手艺，以换来形形色色的产品，销往世界各地，满足不同国度的人们的需求。

当然，东莞更为许多志存高远的创业者提供了优质的试验良田。拥有淘金梦的商人们和各种资本在这里汇聚，形成巨大的合力，实现着一个又一个金灿灿的财富神话。企业家们勤耕苦作，通过多年的努力，既让自己积金累玉，又为这座城市增添了滚滚财源。

江西南昌人张华荣，就是这群民营企业家中的佼佼者，虽被冠以“中国女鞋教父”的名号，但其创业历程却是三起三落，甚至落魄到想要出逃俄罗斯。可军人出身的他，性格刚毅，创办的华坚集团旗下拥有10家分公司，总人数2万余人，是中国最大的女鞋生产企业。2009年，他获全国“五一劳动奖章”，2010年获“全国劳动模范”，2012年获“2011—2012全国优秀企业家”，2013年当选为全国政协委员……这些莫大的荣誉是对他多年打拼的最好回报和肯定。

2011年，张华荣积极响应国家“走出去”的政策，作为制造业的代表，第一个到非洲的埃塞俄比亚投资建厂。这个新工厂总投资800万美元，安置埃塞俄比亚本地就业1500人，帮助该国有效创汇，得到埃塞俄比亚前总理梅莱斯、现任总理海尔玛丽亚姆德萨莱尼和全国政协前主席贾庆林的高度评价。

“作为一家世界知名企业，华坚集团面临着升级，国际化是必由之路，而非洲是中国企业走出去的热门目的地。”

张华荣曾在东非八国商会上做了如上发

东莞制造业实力雄厚，产业体系齐全，是全球最大的制造业基地之一，制造业总产值占工业总产值的 90% 以上，形成了以电子信息、电气机械、纺织服装、家具、玩具、造纸及纸制品业、食品饮料、化工等 8 大产业为支柱的现代化工业体系。

言。2015 年，张华荣在参加全国“两会”期间，畅谈了“走出去”的经验体会，更吐露了“走出去”战略的设想，即放大“一带一路”国家战略效应，加速中国企业走出去的步伐。

张华荣认为，过去的 100 年，很多劳动密集型产业属于候鸟产业，鞋、服装、手袋从 100 年前的英国到意大利，到日本、亚洲“四小龙”，再到中国内地，候鸟产业为中国的经济做出了很大的贡献，但现在中国很多劳动密集型产业已经到了重新抉择的时候。

当然，“华坚”在“走出去”这条路上迈出了成功的第一步，这也让张华荣对“走出去”之策抱持更深刻的体会：“走出去”的大文化，需要中国文化和国外文化、新型企业文化融为一体；企业之间需要抱团出海，团结一致，企业内部要加强融入当地文化，要建立良好的职业精神、专业精神、职业道德、爱国情操，要有民族精神，要改变“向钱看”的传统思维，要做有效益、有品德、更长远的事情。

脚步不仅可以定义自己，也可以丈量距离，昭示未来。

为了让当地人获得成功的管理经验，张华荣安排 90 名埃塞俄比亚的优秀员工，来到东莞接受更高级的“中国制造”的再培训。在这里，他们要向“中国师傅”们学专业技术，也要学文化和管理。时间是 380 天。

这些远涉重洋而来的非洲人和中国员工在一起生活、工作。张华荣会在晨操、培训课堂上对他们训话，并按照部队的那一套实行军事化管理，甚至亲自示范，叮嘱中层管理人员必须严格要求员工站出规范、标准的队列。中外员工们跟着张华荣的“原地踏步走，一二一”的口令做出整齐划一的动作，并齐声回应着他：“一二三四，一二三四，一二三四，一二三四，一二三四……”

张华荣是希望通过这些举措，诫勉一贯追求自由、随性的非洲人：

“我们做任何事情都有要求，要排队就有要求。矮的就往前走，高的就往后退，要讲秩序。”

作为一个拥有多年管理经验的企业主，张华荣不由得感叹道：

“重复的体力劳动者、有技巧的劳动者，占了我们全国的 40%，可是他们并不热爱工作。”

所以，张华荣非常注重企业文化建设，或许正是有过参军的经历，他也十分懂得团队迸发出来的坚不可摧的力量，因此，在“华坚”，无论是在草坪上，还是会议室里，各种场合中，都可以看到不同国籍和肤色的员工按工服的颜色分为不同的方阵，拍着手，气宇轩昂地唱着“华坚”的企业文化歌：

“我们华坚人，领跑产业革命；我们华坚人，肩负时代使命；为社会而生存，为行业而努力；永怀报国心，团结精诚，放眼世界。”

在东莞，你可以听到连绵的机器轰鸣，也可以听到午休时的寂静无声，从皮鞋到服装，从玩具到电子元器件，过去的 30 年间，几千万中国工人用勤劳和效率制造了令世人瞩目的增长奇迹。作为最早进入加工贸易的商品之一，今天，全世界每 10 双鞋就有 6 双产自中国。强悍的军事化管理和对目标的高度专注，让张华荣带领的“华坚”，成长为中国最大的女鞋代工企业。

然而，在这片曾经的热土上，先来者、后到者都感受到了空气的稀薄。

比如，中山欣錩鞋业总经理何建德就认为：

“很多台资鞋厂现在想的东西都是离开中国，降低劳力使用，来增加效率。”

美国布朗（BROWN SHOE）鞋业有限公司的 Sarah Lee 也认为：

“鞋业是一个候鸟式的产业，它会随着成本去迁移。最早的时候，鞋业可能是在意大利起步，然后就迁到了巴西，然后再到台湾，然后再过到中国大陆。现在，有向中国内陆去迁移的趋势。”

由于赶不上人工成本攀升的速度，珠三角的企业，纷纷开始了全球游牧。向内陆转移，是时势的发展之需，是无奈之举，也是破阵之策。底部带线班长杨青龙对此深有体会：

“2011 年的时候，出来打工的差不多都是 90 后，做鞋子的话比较辛苦，我记得那时候我做干部，招了 10 个员工，就是分到我那个段，做了一个星期不到全部走完了。”

江西人自古就有“一个包袱一把伞，跑到天下当老板”的商业传统，并且，早在 2012 年 6 月 28 日，国务院就正式出台《国务院关于支持赣南等原中央苏区振兴发展的若干意见》，旨在全方位、多领域地努力推动赣南等原中央苏区的振兴发展。至此，“赣南苏区振兴发展”上升为国家战略，赣州在全国的战略地位更加凸显，赣州也因此成为中部首个执行西部大开发税收政策的城市。

2002 年 1 月，张华荣已敏感地意识到在东莞生产成本正在抬高，他回到江西，投巨资兴建了赣州华坚国际鞋城，作为华坚集团的生产基地。“华坚”成了东莞鞋业中自觉进行“产业转移”的先锋，成为中国鞋业界少有的一个成功范本。

□ 不管是坚守东莞，还是远涉埃塞俄比亚，张华荣开厂时都施行军事化管理，有过当兵经历的他懂得遵守秩序的力量；但身为商人的他，也敏感地审时度势，适时地响应国家的“走出去”战略，降低成本和风险的同时，力争利润的最大化。

江西的劳动力成本很低，张华荣将量大的低价鞋转移到江西做，量小的高档鞋就在东莞加工。从1999年起，“华坚”不断扩张，企业内部已拥有完整的产业链，成为中国最大的女鞋制造企业。但张华荣并没有就此满足，他写下了“为社会而生存，为行业而努力”几个字，作为“华坚”的座右铭。他认为，鞋业作为劳动密集型产业的代表，社会对它并不理解，鞋业未来的趋势应该是在东莞接单、研发、销售，在内地加工生产。“我呼吁政府不要有产业的歧视，只有产业的提升。”

在东莞，美国布朗鞋业是全球最大的鞋业贸易公司之一，也是张华荣多年的合作者。他们有些担心，遥远的非洲是否能溢出黄金。为了打消合作伙伴的顾虑，张华荣信誓旦旦地表态：

“到中国培训他们一年，他们都会讲英文、中文、埃塞文。在埃塞俄比亚，我们可以把生意做大。”

但美国布朗鞋业总裁CHARLES GILLMAN仍然用他的美式中文，提醒张华荣：

“要是你开很长的时间的话，你百分之一百要有不一样的（配套）工厂，在（非洲）那边。”

从中国飞越四分之一个地球周长的距离，可以抵达埃塞俄比亚，这个东非高原上有着3000年文明的传统农业国，也正在学习中国的改革开放经验。作为非洲大陆上牲畜数量最多的国家，这里出产世界上质量最好的皮革。而吸引资本到来的更重要的原因，是劳动力成本。在中国请1个工人的价格，在这里可以请10个。当然，这也意味着，经营者需要付出其他的成本。

位于首都亚的斯亚贝巴郊区的东方工业园由中国人投资建设，被埃塞俄比亚政府列为国家“持续性发展及脱贫计划”的一部分。目前，已有10多家中国企业入驻，它在当地也被称为“中国城”。

中国人来这里，不仅带来了生意，还带来了炫目的中国速度，“华坚”埃塞俄比亚厂厂长魏涌泉介绍说，他们来到这里进行招工，找厂房，处理这边一些工程，真正只花了75天时间，就开始投入生产了。

同样在寻找出路，当台湾同行大多选择去相对成熟的东南亚国家设厂，张华荣却选择在非洲创建一个全新的生态系统，而这并不容易。

华坚埃塞俄比亚厂的质量监理Brian认为，中国人开厂的难度是沟通；杨青龙表示，在这里，不会讲英语你就根本生存不了；某带线班长总结自己的经验：跟当地人讲话，基本上肢体动作都会用上，以至于她现在讲话的时候也喜欢用手弄来弄去。

张华荣在这里依然坚持采用军事化管理，向当地员工训话，用的也是中文：

“全体都有，向前看，稍息，立正。”

皮肤黝黑的当地员工顺从地按照他的指令

□ 埃塞俄比亚的员工来到东莞，零距离地从中国老师这里学习所有先进的东西。

做动作。在员工食堂，张华荣力争融入当地人的风俗，照着他们的样子，用手从盘子中抓取食物，直接送入口中。

在这里驻扎下来的魏涌泉更为熟知当地的情况：

“埃塞俄比亚坚持西方文化，他们的节奏比较慢，生活成本比较低，比较容易满足。他们不像我们中国人拼命地干。所以我们更需要通过这个军训呢，来让他们更多理解，我们企业的文化，工业的需要，规矩，你没有执行就没有结果，你没有结果，我告诉你，一切都是空谈。他们工业部长看到这些，他们也是感到很自豪，因为他们就需要这样的企业，他说，这是典型的中国的企业！”

影响发生在每一个角落。工业化进程，将一点点改变这些来自传统农业国家的人们。他们在这里，不仅逐渐实现“中国化”，也在“世界化”——在东莞的“华坚”，来自埃塞俄比亚的学徒在食堂择食时，都是用中文和打饭的大姐交流；饭桌上，常可以看到中国的小伙子和埃塞俄比亚的同龄人谈笑风生，询问他们是否适应中国的餐食，还引用广告语“好吃你就多吃点”来调侃他们，活跃气氛；而女孩子们在一起，更加亲昵，埃塞方的女孩会帮中国的小伙伴编她们非洲独有的发辫；小伙伴们互相学习对方的语言，彼此成为彼此的老师；公司还帮埃塞俄比亚的年轻人请到了中国的太极老师教他们几招，小伙子们学得有模有样。更重要的是，他们不远万里来到中国，接受了完全有别于他们过去所接受的教育，思想和观念得以更新，他们对“华坚”的军事化管理表示接受，因为觉得：

“如果我们想工作，军训可以给我们保证一个好身体。”

他们热爱中国，被这里热腾腾的生活所感染，立志：

“等我回到埃塞俄比亚，我也要改变我的国家。”

其实，改变了世界的“中国制造”，何尝没有改变着中国人自己呢？

张华荣翻出来当年当兵时的照片，回忆自己这么多年来的奋斗史，颇有感慨：

“改革开放以后讲到什么干什么，卖啤酒，卖老鼠药，卖菜籽，什么都干。我们这么多的当兵的，我的文化算最高的。他也不会写信，他也不会写信，我都帮他们写信。这个时候正是拼搏的时候，这个应该是 1999 年的时候，我那个时候就喜欢地图。在江西在八几年的时候我就喜欢看地图，因为我知道我在什么位置，中国有多大。到广东去的时候，我知道这个世界怎么样。”

进出口主管陈文崎也受益良多：

“从我个人在这个企业工作这 2 年，我觉得我最大的受益是我的执行力，现在变得非常强。”

杨青龙也说：

“将来有小孩的话，还是要好好先读书。要先自己有点文化，没文化是不行的。”

所以，在江西赣州华坚幼儿园，来自埃塞俄比亚的英语老师会给中方员工的孩子们教授英文，一个单词、一个单词地教，孩子们也饶有兴趣地跟着念。这些简单的单词搭建起一座座的“台阶”，等到这些孩子们长大成人，他们或许会踩着这些“台阶”，像他们的父母和英文老师一样，一点点拉近、消弭与世界的距离——时间的，空间的，心理的，文化的距离——把生意做到世界的每一个角落，并与那里的每一个人都成为亲密的伙伴、战友。

追访 · 张华荣 /

Q 你觉得什么叫生意？它给你带来了什么？

A 生意就是有生机。在我看来，大家共同发展的，充满生机的，运用公平的手段，讲究工作效益，面向未来的这种贸易活动就叫生意。没有意义，没有效益，没有价值，那这个生意也维持不了多久。

我做生意以来，感到每天的生活，很简单，很辛苦，也很高兴——辛苦的方面就是很踏实，有很多事在干，总之，期待的很多事要努力去干，前提是有意义。高兴的方面呢，就是在这个事情当中，有开心的，有不开心的，但总觉得干了我自己该干的事情。

Q 在埃塞俄比亚这么远的地方开工厂，是要冒险的。你是如何规避的？

A 生意上面的风险，有三个方面。一是如何在投资之前评估风险，二是经营当中防范风险，三是在过程当中控制风险。在埃塞俄比亚投资，我们考虑过风险，它的政府跟社会状况是我们主要考虑的，虽然这个不是我们企业家能掌控的，但是，我觉得埃塞俄比亚的政治和社会基本上算是比较稳定的。

埃塞俄比亚目前所处的这个发展阶段，有点像我们中国30年前的那个环境——他们正在做招商引资，我们那个时候也招商引资，而且很多的人都没有就业，很贫穷，但我们感觉到有大量的商机。

非洲这个地方是一块处女地，就像张白纸一样，我们中国人带来投资以后，有优势，也有劣势。优势就是我们有 30 年的改革开放，从弱到强，从小到大，从没有到有的很多产业的发展过程当中，积累了丰富的经验。

劣势就是文化问题。很多台商、港商到中国大陆来投资的话，他们与我们没有文化上的差异——同样的语言、同样的血脉。但在埃塞俄比亚，我们平时用英文不多，也不是很好；而且，高原气候、环境也让我们不太适应。所以，中国的管理干部如何在埃塞俄比亚长期待下去，还有中国的这种语言环境跟文化环境如何与埃塞俄比亚融入，这对我们来讲是一个很大的矛盾和挑战，但我认为，把埃塞俄比亚的学员带到东莞来，白天上班，晚上学中文。今后，埃塞俄比亚方面做管理工作的，都是埃塞俄比亚自己的干部，让他们成长，既解决了我们文化的矛盾跟冲突，又降低了我们的成本，同样提高了效益。

Q 你觉得效果如何呢？

A 曾经有 6 个埃塞俄比亚的员工在中国待了 1 年，这 6 个人我给他们取的名字叫繁荣、富强、和谐、发展、共唱、未来，这 6 个人，我把他们都认作干儿子，因为这 6 个字代表了我的种种心愿：

我第一个要解决的是让他们吃好，健康。第二个让他们讲卫生、健康，比如，我在埃塞俄比亚搭建了 100 间宿舍房，改造了 40 个厕所，让他们 3 天洗 1 次澡，给他们买牙膏牙刷，让他们漱口。第三个实行军事化管理，让他们改变观念，学会配合、理解、执行。第四个让他们懂技术。

现在来看，他们太热爱工作了，热爱工作就好办。我感觉到，他们每个人像小老虎一样的。

Q 你认为企业“走出去”有哪些好处和必然性？

A 中国企业走出去具有必然性和迫切性。我国是制造业大国，许多制造业产品的产量已位居世界第一，这是一个可喜的成绩。但客观地说，由此不仅导致了相当严重的产能过剩，也给我们的能源、资源、环境带来了沉重负担，“走出去”发展的重要原因，是国内的资源市场没办法满足生产需要和经济发展的需求。

未来我们经济发展的机会有两个：一是海外并购；二是中国企业劳动力密集型产业链转移到海外，未来劳动密集型的加工业必然要失去竞争优势，所以必须“走出去”，可以留下少数企业，留下两端，去做品牌做营销做开发，大量的加工部分，转移到海外工资水平比较低的地方，利用当地工资水平低的优势创造优势。

Q 以“华坚”的经历来看，“走出去”获得了哪些启示？

A 我们感到，“一带一路”沿线国家资源和经济的互补性是中国企业加速走出去的重要动力。“一带一路”沿线大多是新兴经济体和发展中国家，这些沿线国家普遍处于经济发展的上升期，是“资源丰富的高地、市场潜力巨大的平地、工资成本的洼地、旅游的胜地”，开展互利合作的前景广阔。这些资源如果能够通过“一带一路”合作建设，达到互联互通，并且按照“海丝”的规划，实现投资和贸易便利化，那么这些沿线国家将会变为中国资源可靠的供应地，也会是中国市场开拓最好的地方。

我们通过调研发现，这些沿线国家基本分为两个类型，一种是能源资源和旅游资源丰富的国家，一种是劳动力资源丰富的国家。对前者，中国快速发展会提供最可靠的市场，会是最多的旅游观光客的来源。而对后者，中国的产业转移会给他们带来一个工业化现代化的战略机遇期。

2

流动的世界，正在成为环环相扣的链条，距离的概念被不断改写，世界变得平坦，每个人也都在重新定位自己。

从小在胡同长大的李昌宪有着北京人特有的大气和敞亮，这种独特的脾性也体现在他对车的喜好上面——他从小喜欢摩托车，但家教极严，一是买不起摩托车，二是有车也不准骑。当成年后，有能力和自由圆儿时梦想时，李昌宪就变得一发不可收拾。他一个人，就拥有了七八台摩托车！有些人可能觉得不可想象，但李昌宪说这些车绝对不是摆设，他每周都会骑，尤其是在北京这样拥堵的交通状况下，他喜欢摩托车，就是因为喜欢那种风吹在身上的速度感，喜欢那种御风而行的自由，有飞翔的味道。

更重要的是，李昌宪还喜欢与“车”有关的生意。经过多番尝试，他终于拿到了世界顶级手工定制机车品牌“OCC（Orange County Choppers）橘郡工坊”的中国代理权。

2013 年 4 月 21 日，“轰鸣・天际”——OCC 正式登陆中国的开幕活动在京隆重举行。OCC 创始人保罗一世亲率其团队到访中国参加庆典，美国 Discovery 探索频道摄制组也跟随保罗一世来到中国，全场拍摄 OCC 中国站影片。来自中国各地的忠实车友、各界贵宾和重要媒体近 200 人到场共贺。

当保罗一世亲率 OCC 车队数十辆重型机车，从北京亮马桥威斯汀酒店出发开始，沿街骑行至位于幸福三村的泊骏驿主会场，那铿锵的气势吸引了大量市民驻足观看。在总会场，李昌宪与保罗一世纷纷致辞，并共同完成了富有中国传统文化形式的盖印授权仪式。

保罗一世提到，西方社会眼中的神秘中国近年来经济高速发展，文化需求大幅提高，高端定制机车作为一种富含文化思考的顶级体验此时进入中国正是恰当的时机，作为世界高端手工定制机车的代表之一，他希望 OCC 可以促成美国机车文化与中国悠久历史所铸造的东方精神的融合。

终于实现多年夙愿的李昌宪也在致辞中声情并茂地说：

“今天，我实现了我的梦想。”

位于纽约附近的橘郡镇的“橘郡工坊”总店，洋溢着浓厚的西方文化气息。按照每一位客户的要求进行设计并经由手工打造，使这里的每辆机车都独一无二。作为一个“机车迷”，李昌宪也向对方定制了 3

OCC 成立于 1999 年，产品为高端私人定制摩托车。公司创始人保罗·特图尔一世（Paul Teutul Senior）为美国机车圈里的传奇人物，他打造的经典重型机车“蓝”，曾在 1999 年的戴通娜机车节（Daytona Biketoberfest）上声名大噪。随后，其他招牌机车也陆续上市，包括 aokuo 流亡者乐团团员怀克里夫金（Wyclef Jean）购买的蜘蛛人（Spider Bike）。在佛罗里达州迪通娜举行的“老鼠洞定制机车展”（Rats Hole Custom Show）上，“蜘蛛人”赢得世界级竞赛前三名的殊荣。其为纪念“9·11”事件中遇难的 343 位消防员制作的“343”机车被纽约市长盛赞为“纽约之车”。

OCC 的车款曾登上无数杂志封面，包括：《美国汽机车》、法国《高速公路》（Freeway）、《挪威骑士》（Norsk Biker Journal）和《街头机车》（Street Chopper）等。

辆机车，其中最特别的想法，是要定制一辆中国龙概念车。他相信，中国文化的融入，会让更多中国人亲近这个新鲜的舶来品。

保罗起初有些诧异：

“李昌宪想要一辆龙车，我们就要做一辆‘龙车’给他。我们起初听到他的想法的时候觉得：‘天哪，他在开玩笑吗？你居然要做这种类型的车？’我发现有很多美国文化元素已经传到了中国。人们骑着我们常骑的机车，比如，哈雷就很受欢迎。”

由于东西方人对龙的想象存在差异，创作过程历经摩擦和谈判。起初，李昌宪想要一个传统的龙的形象，但是“橘郡工坊”承担这个项目的设计师坚持说服他，创造一个从未有过的形象，一个百分百原创的形象。李昌宪给对方提供了传统中国龙的形象，设计师给出的图样中，龙只有 4 根趾头，但李昌宪坚持认为中国传统的龙有 5 根趾头。龙的形象在商讨和磨合中反复被修改——想让世界理解中国，需要不同文化背景的人向彼此靠近。

临近交车的日子，李昌宪迫不及待地赶往美国。而保罗也准备以美国人的方式，给李昌宪一个意外。

谜底即将揭晓。

当保罗神秘兮兮地揭开罩在机车上的布，出现在他眼前的是一辆威风凛凛的经过精心设计的“龙车”，意外之喜让他不由得连连惊呼：

“这个真的没想到，这个太棒了，真的太棒了，这个是在我意料之外的，没想到他们工作做得这么好。”

李昌宪兴奋地骑上他的座驾在街上风驰电掣，闪亮的身影引起了当地人的围观，老美们都夸车漂亮，问他是何方神圣。李昌宪回答说：

“我来自北京。”

40 多岁的李昌宪从事国际贸易 20 多年，游历世界打开了他的视野，也带给他自信。

于是，他把自己定位为因生意而博识的“新中国人”。

□ 李昌宪喜欢御风而行的自由，如何让西方人理解“中国龙”，如何让中国市场接受世界顶级手工定制机车品牌，他在不断拉近两套语言系统之间的距离。

追访·李昌宪 /

Q 拿到“橘郡工坊”的中国代理权，中间经历了怎样的过程?

A “橘郡工坊”作为世界殿堂级重型摩托机车的手工业制造者，多年来秉承的是家族式的管理和多名工匠在老保罗的指导下限量出品的经营模式。所以，他们从没想过要“走出去”，从未想过要在美国的其他地方开分店，更没有想过在世界范围内寻求代理。

同时，手工定制机车产量极其有限，一台机车需要十几位美国工匠耗时数月才能完成，这与大规模的量产车（比如哈雷）截然不同，发展国内或者海外销售代理商显然不是手工限量版机车的销售模式。手工限量版机车的销售其实并不是传统意义上的“销售”，其实它更接近买主对制作者在理念上的认同、在美学上的欣赏、在做工上的信任，由此又产生买卖之间默契关系的最高境界。看看“橘郡工坊”有限的客户名单大家会发现，在全美知名的脱口秀明星、体育界大咖、演艺界名人、商界精英以及新任总统唐纳德·特朗普，每位都会选择一台自己钟爱的定制机车作为一生的珍藏。

我作为美国之外为数不多的买家，也是唯一的中国买家，凭着对橘郡机车的狂热喜爱就一口气预订制造了 5 台主题机车，被誉为“橘郡工坊”全球最大的买主，所以在当我提出成为中国总代理的要求，并询问需要每年达到的销售量业绩时，老保罗给我直截了当的答复是：“你已经买得足够多了，大中华区的总代理是你的了。”

老保罗转而问了我一个问题："你怎么保护我们的知识产权不受侵犯，避免在中国遭到造车概念的抄袭、模仿甚至简单的复制？"我的回答是："首先，橘郡机车在中国目前还并不具备像在西方世界中那样的名气，我接下来的任务是让更多的中国人了解'橘郡工坊'。在一个陌生的市场环境中培育一个奢侈品的品牌潜在客户的认知，这将会是一个从无到有的过程。但是在这个过程中势必会出现知识产权遭到侵犯的现象，在我们通过必要的法律维权的同时，实际上我们更应该乐于看到的是有人开始仿造我们了，这在某种程度上讲我们的品牌已经产生认知效应了。其次，选用仿造品的买家与真心实意热爱我们品牌的买家不属于同一类的消费人群。无论如何，那些选用仿造品的买家也不会成为我们的客户，即便我们赢了官司，从另外一个方面讲，我们真实的拥趸买家也不会因为有廉价的仿制品而放弃对美好事物的追求。"老保罗听了这些以后表示很满意、很理解。

Q 跟美国人做生意，你有什么感受？

A 跟美国人做生意，不管复杂也好，简单也好，还是跟人做生意。美国人比较简单，比较直，咱们中国人讲究人际关系，其实美国人也讲究人际关系，在跟美国人接触的过程当中，你一定要表现出有你自己的独特的人格魅力，这样才能够跟他们接近，他们更多是看中你这个人，我觉得跟人打交道是生意的一个基础。

"橘郡工坊"方面一开始想的是连吃带服装、服饰、品牌，还有餐厅，恨不得就是他们有的，我都得把它复制到中国来，但是对于我来说，我做的是减法，我一定要减项，因为我清楚地知道，在咱们中国的市场，尤其北京这个市场，什么卖得出去，什么卖不出去，什么能够得到认可，甚至什么能够赚钱，什么不能够赚钱。因为这里面确实有生意的奥秘，光有热情，光有爱好，还是不行，对吧？你得从生意的角度出发，中国的消费者跟美国消费者的理念是不一样的，并不能说拿来主义，不管好坏，什么都拿来，那样真的是有很大的风险，是会失败的。所以在这方面一定要有好的商业头脑，一定要精明，不能老美说什么就是什么，老美说我东西都是好，老美说我特别自豪，我对我所有的东西，每一样东西都特别自豪，自豪得一塌糊涂，但是咱们一定要时刻保持头脑的清醒，认真面对所有的这些东西。

3

- 新一代中国人正在登上时代舞台，人才库全球化的时代，不同肤色不同种族的面孔让时装商们有了更多的选择。

来自世界各地的女孩子们，都想成为 T 型台上的主角。她们学习变得准时、优雅、彬彬有礼。

这是“美”的经济，也是给“美”定价的舞台。不一定每个梦想都属于辉煌，但每一个辉煌都属于梦想。

作为“龙腾精英”的当家花旦，吴佳烨凭借典型东方女性的清丽气质与极具可塑性的外形特征，成功得到了纽约著名模特经纪公司 Request 的合作签约，与 Alessio Pozzi、Keisuke Asano 等当红热门超模同门。她找父母借了几万元路费，前往美国学习。尽管在国内已经积累了丰富的从业经验，但是能够站在世界的制高点与来自世界各地数以千计的模特们逐鹿群雄，她还是丝毫没有松懈怠慢。每天早早起床，迎着初升的旭日穿梭在纽约的大街小巷，复杂紧张的工作安排都要有条不紊地逐一攻破，来不及吃饭与休息，只为多挤出一点时间，不能遗漏和错过任何一个面试的机会……2013 年 1 月，她迎来了人生第一场秀，登上纽约时代周的 T 台。谈及此行，吴佳烨说：

“我的内心都散发出了对梦想的渴望。”

1995 年生于大连的董悦宁，在 16 岁的时候也签约给“龙腾精英”，时隔不到 1 年，“龙腾精英”就成功地将她推到 MARILYN（纽约经纪公司），而且，她一到纽约，美国各大模特公司就向她投来橄榄枝，同时，法国 MARILYN 经纪公司也迫不及待地把她揽到公司名下。董悦宁说自己“从小到大的梦想就是做超模，目标就是在纽约走场大秀就行了”。如果有人问她有没有偶像，她都会斩钉截铁地回答说：

“我的偶像当然就是刘雯了，很欣赏她，不管她工作或者做人、交际都非常好，刘雯现在已经是 TOP 榜的第三名了，就很厉害了，这算是中国的一个奇迹，这也算是亚洲的一个奇迹嘛。”

纽约——世界之都，充满机遇与竞争的城市，每天都有无数人怀揣梦想来到这里。服装企业、设计师、模特……所有时装行业人士都希望在这里找到自己的舞台，争取走上纽约 T 台的机会。

全球四大时装周中，纽约时装周是发布品牌最多的一个。140 多个品牌将在 8 天时间里，展示 4000 多件服装。时尚不仅仅意味着艺术和创造，更是工业、

刘雯， 1988 年 1 月 27 日出生，湖南永州人，中国内地模特。

2009 年，作为第一个亚洲模特登上“维多利亚的秘密”内衣秀。

2013 年 8 月 29 日，在模特网站 MDC top50 公布的榜单上位列第三。

2014 年 7 月 26 日，入选 MDC“New Supers”全球新超模榜单，成为首位进入“New Supers”榜单的亚裔模特。2014 年在福布斯公布的全球模特收入榜中，以 700 万美元与米兰达 · 可儿、凯特莫斯并列第三。

2015 年，在福布斯公布的“全球最赚钱超模榜单”上，以年收入 450 万美元排行第十四名。

商业的展示。

中国人真正进入国际主流时尚圈，只是近几年的事。已在美国居住的刘雯，显然是距离顶级时尚圈最近的中国面孔。国际顶级品牌对刘雯的评价是：她拥有一张简单干净的脸。

刘雯的背后，有千千万万个像她一样，怀揣梦想的普通女孩，她们需要在全世界面前“售卖”自己的种族、脸孔、身材、表情、底蕴、气质等，因此，进入国际时尚圈，对于她们来说，并不是件易事。对此，经纪公司总裁 Chris Gay 就深有体会：

“在我们这个行业，不要幻想一夜之间就有翻天覆地的变化，女孩们从做时装模特入行，她们得拥有自己独特的才能和气质，才有可能把这些特质发挥出来，为自己赢得一个更长久的模特生涯。”

模特随时会接到经纪公司的通知，赶往下一个面试地点。如今，越来越多的中国模特愿意自费在四大时装周待上一季。

吴佳烨来自中国上海，已经是第二次去纽约闯荡，她十分希望能在这里开创一番天地。但是，回忆起其中的艰辛苦辣，吴佳烨也是冷暖自知：

“我刚来的 5 天都没有吃过饭，因为我不喜欢吃这边的东西。公寓里最大的卧室，2000 美金，换算成人民币乘 6 试试看。有的公司不会给出场费，就是送你一件衣服算了。能让我真的很开心的瞬间，就是碰到一些设计师，他们会打心底地说，我真的很喜欢你。被肯定的感觉，是我觉得最开心的。”

全世界的青春都一样的不甘沉默。模特们要参加的选拔将决定，哪些女孩能走上 T 台，哪些只能在台下观看。女孩们只好马不停蹄地前往一个又一个的秀场，把疲惫扔到脑后。

和初出茅庐的吴佳烨相比，董悦宁已经在纽约崭露头角。她签约的公司，就曾经培养出名模刘雯，这给了她勇气，也给了她压力，然而，要想在国际舞台上脱颖而出，需要运气，更需要实力。

这种压力向董悦宁扑面而来：

"这些年比较流行的是日本和韩国人，所以对于亚洲的中国人来说冲击力就比较大，很多秀都会用韩国人、日本人，就把中国人完全抛到后面了。"

来自中国深圳的时装军团，也在为亮相全球紧张地忙碌着，为亮相时装周做准备。

如今，中国已是世界最大的服装出口国，却还没有诞生世界级的品牌。对此，秀场导演张舰表示说：

"我觉得这是一个过程，我们从不敢出来，到现在敢出来了，那从敢出来做秀，敢出来让人看我们的东西，到敢于把我们东西真的落地。"

争奇斗艳不仅在场内，更在场外。

带动粉丝，带动模仿和风潮，带动可能的商业价值，这使得街拍成为欧美模特们的热门动作。起初，刘雯并不接受这种商业规则：

"刚开始，其实大家根本不知道什么叫做街拍，也没有很刻意地去打扮。她们只是把她们对美的看法，或者是对美的一种态度，很自然地反映了出来。"

秀场导演 David 也认为：

"很多时尚都是在街头诞生的，街头的人都在穿什么，什么吸引人们的眼球，很多人去街头拍摄，其中有些人因此变得很成功。我不认为谁可以掌控流行趋势，如果你去一些店铺，或使用社交网络，人们会发现很多适合自己的设计师和选择，所以，这其实是一个很民主的过程。"

刘雯经纪人 Vicky Yang 说起刘雯，骄傲之情就溢于言表：

"她真的是几个第一，她是第一个拿雅诗兰黛的合同的人，第一个走'维多利亚的秘密的秀'的中国模特。她也是为了其他人开门，让更多的中国模特可以有机会在外国发展，也代表了中国的市场，代表了我们现在发达的一个情况吧。"

但刘雯不认为是她一个人的功劳：

"我觉得现在为什么能够有这么多中国模特能够来到纽约时装周也好，或者是米兰时装周也好，是因为现在中国市场跟美国市场或者是跟欧洲市场有了很好的沟通。"

秀场导演张舰也补充说：

"我们一直提到一个口号叫从中国制造到从中国创造。这个口号提了好几年了，现在我们已经开始一步一步走了，虽然走得比较慢，但是已经开始走了。"

□ 身材、脸孔、表情、猫步、外国人喜欢的东方气质……也可以被展示和售卖。

追访·刘雯 /

Q 你觉得你向全世界展现了怎样的一张“中国面孔”？

A 我觉得我一直都不是一个很自信的女孩，我觉得从来没有丑小鸭变天鹅的那一刻，所以，我一直我觉得自己是一只不一样的丑小鸭。

我觉得每一个人对很多事情的看法都是不一样的，包括你的工作，可能对你来说，它要求你有个性，你的性格有不一样的地方，能让人家心仪。对于中国人，或者是一些亚洲人来说，传统意义上的美，标准是要双眼皮、鹅蛋脸、薄嘴唇，但是我是真的是完全相反，上面说的每一样我都没有，于是，作为一个模特，我必须学会去如何展示自己不一样的地方。

小时候，我妈妈开玩笑，说我的嘴长得特别大，因为像她那一代人可能比较容易接受樱桃小嘴。但在外国人眼里，他们觉得这是一种性感，是一种不一样的味道，所以在出席活动的时候，我可能会不化妆。我觉得世界上有那么多漂亮的女孩都想来做模特，但是她们独特的地方才会是打动这些面试官或客户的特点所在。

我觉得，在每个年代都会出现不一样的美，但是现在“亚洲美”可能会更加独特一些，于是，设计师对亚洲文化更加感兴趣，所以他们使用了很多的亚洲模特。当然，现在的中国经济发展得非常迅速，所以很多奢侈品都纷纷打开中国市场，他们也是把这种西方美带到了中国，然后再从东方去学一些不一样的美。

Q 与国际顶尖模特公司打交道，你有什么心得？模特这个行当如何改变了你？

A 我觉得沟通很重要，交流很重要，就是在工作的环境当中，跟别人去交流。其实，我最初参加重要面试的时候，也很紧张，然后我要去跟那些面试官面试，当时我也不会讲英文，别人问我问题的时候我总是很害怕，很害羞，其实我现在也还是有这种特点。但是，他们有时候会认为你这样很可爱。所以我觉得你在工作的时候就是要尽量地展现自己，多跟大家沟通交流，因为人也是一样，你不说话，人们永远不会知道你在讲什么，但是你善于交流的时候，很容易就被人家认可了，而且时尚界的人其实都非常非常的友好。我觉得有时候你就把外界当作不存在好了，就是浑然自我。

在顶级的模特公司，可以跟更多的设计师、品牌合作，能够找到不一样的自己，因为我觉得模特这个工作让我找到了很多不一样的东西，但是生活当中我还是那个很二、很单纯、很疯狂的女孩。我只是想这个工作给我不一样的体会，然后你像一个演员一样在拍电影的时候，释放不同的自己，如果你不尝试那个狠角色，你永远不知道自己会变成什么。

我觉得模特这个职业它真的会让你觉得人生是五光十色、丰富多彩的，但是最重要的是你知道，你想要的究竟是什么。我觉得我很享受我的工作，虽然我的工作充满了酸甜苦辣，但是有人不这样想。我从来没有觉得它很苦，苦到我真的不能坚持下去。可能有时候，就像泡一杯茶一样，因为茶泡久了之后它会沉淀下来，我觉得我现在的工作就像沸水在煮，正在喷出来的那个过程，等我真的沉淀下来的时候，也许会不做模特了，去做周边的一些工作，但是我现在觉得还是在沉淀，在沉淀的这个过程中，所以我觉得，我还是在享受——享受生活，享受工作。每一份工作都用心去对待它，如果别人也能感受到你的用心，你就会获得一些不一样的东西。

同时，我觉得时尚产业其实跟任何一个产业都是一样的，我也没有想用它去赚什么钱，只是在充分享受这个过程。有时候，人活在这个世界上，难免会有一些曲折或者是一些状况发生，只要你时刻保持着乐观的心态，任何事情都有解决的办法。

4

▸ 中国人从不缺乏拥抱世界的决心和勇气，只是每一个人与舞台中心有着不同的距离。

刘雯的家乡在中国湖南浏阳，那里出产中国给予世界最早的礼物。这份礼物也跟刘雯一样，在全世界的各种“舞台”上展示着独具匠心的“中国的美”——世界各地燃放的烟花，90% 以上是中国制造，而其中又有 80% 来自这个烟花三角地。在这里，烟花就像是身体里的血液，无处不在。

李畋是浏阳妇孺皆知的名字。人们相信，这个 1300 多年前的唐朝人发明了炮竹，所以，人们为他塑像，建祠堂，在他生日那天进行祭拜。和中国很多历史与传说分不开的地方一样，各座城市都在引经据典，固执地证明自己才是李畋故里。幸好，这种争执仅仅存在于方圆几公里的范围。

和浏阳、万载两地的李畋遗迹相比，江西省上栗县的李畋故居最为寒酸，供奉的牌位表明：这半座山墙是文献记载中的“佑圣观”。

从供销社退休后，陈道友就一直义务充当李畋故居的守门人、讲解员，甚至研究者。陈道友的家，就在上栗县李畋故居的隔壁。为了证明老屋就是故居，陈道友来到了屋后的南竹山，介绍说：

“我们以前不叫鞭炮祖师，而是叫李畋仙师。姓李的那个谱啊，6000 多年的谱，因为我们这个地方啊，家家户户都是做鞭炮，都是他（李畋）发明的。”

做炮竹筒的扯凳是这里的人们一直在使用的生产工具，简单方便，家里任何年龄的成员都可以驾驭。一支华丽的烟花中，80% 的重量来自江西丘陵的红壤。简易的工具，细密的工序，再加上随时可用的劳动力，这种家庭作坊式的生产，透射出中国传统制造业延续了千年的典型模式。可如今，已很少有人专程来了解当地的烟花文化与历史。

地处江西西北部的万载县，正在经历着城市化的进程。城中的宝塔据说是唐塔，却被装修一新。陈仕梅从父亲手里接过黄茅出口礼花厂的帅印时，刚满 30 岁。现在，她掌管着万载这家最大的外贸企业。

陈仕梅在美国念过书，她指着美国地图找自己曾经待过的地方。她没想到，长大后回到中国，自己的生意也做到了那些地方：

“就这个地方，迈阿密边上，这是我上学的时候，在那边待了有 2 年多吧。我们的仓库是在印第安纳州。现在我们正在谈一个合作项目，是在宾夕法尼亚州，就是费城边上那个匹兹堡。”

在中国，能挣钱就有传承，能传承才有发展。历史悠久的生意，往往有着相似的逻辑。

陈仕梅承接下家里的生意，其实还经历了一场不小的“风波”：

“因为都没有出去过，觉得就是很好奇，就好像围城，城里的人想出去，然后城外的人想进来的。特别地想出去，那时候我行李都收拾好了，我妈赶快从厂里面回来把我的行李给收起来了，不让我走。她就说，你自己家都需要招人，你怎么还跑到外面去帮别人打工？”

出产于中国贫瘠丘陵的产品，市场却每每在世界最富裕的地方。陈仕梅时常往来于两个截然不同的空间。从生意场上回到现实中的陈仕梅，有着自己独特的对于生活的理解：

“你要真的有钱了吧，其实你可以去享受一下生活。他们有钱了，在这边大部分时间花到那个麻将桌上，我觉得很没意思。”

陈仕梅笑言自己四五岁时就开始玩家里生产的、出口日本的“茶花香”。中国改革开放之后，万载就开始做出口花炮。为了防止集中生产带来的危险，花炮生产的每一道工序，都被隔离成一间独立的作坊，由单人操作。蜿蜒的生产区，隐藏在丘陵的每一道褶皱里。将各种不同的火药进行不同层次的填装，礼花弹燃放时，就会变幻出不同的样式和颜色。

陈仕梅对于生意算得很细，她不仅要操心生产，就连运输的环节都很注重成本和效率：

“就填补一些空缺，尽量地多装一些货了。一个集装箱能装 800 箱也是一万多美金，装 1000 多箱也是一万多美金，你多装一些，那不是为人家省了运费嘛。”

陈仕梅回忆起自己第一次参加烟花节的经历仍然很兴奋：

“因为我们生长在这个烟花产区，毕业之后做了这一行，参加了第一次烟花节就特别地震撼。我真的是全身都起鸡皮疙瘩。”

也许，美是可以复制和传递的。中国人发明的火药，在全世界的天空下都绽放成斑斓的花朵，让不同肤色的人都为她感叹、喝彩！

运输烟花的 319 国道，不仅连接着三角地的各个县市，比如湖南浏阳和江西上栗，也将它们同世界连接在一起。

浏阳国际花炮协会秘书长刘东辉开着车，奔驰在与他的生活紧密相关的这条国道上：

“那时候我们叫路债，每个职工都买了，我们都买了几千块钱。就是靠这样集资把这个钱集起来，就通过蕉溪岭打一个隧道。这个隧道总长是三点多公里，就把这条 319 国道改直了，拉通了。现在到长沙，到黄花机场只要 50 分钟。过去长沙人一说好高骛远，或者是有一点天方夜谭，如果是用浏阳话说，就是‘做浏阳梦去了’。”

□ 尽管是“世界上最难的生意”，但并不妨碍中国的烟花在全世界的通行。它在夜空实现了瞬间的绽放，给这些普通生产者带来了收入，让他们的生活富运红火。

追访 · 陈仕梅 ／

Q 有人说，“烟花爆竹，世上最难的生意”，你同意这样的说法吗？

A 我完全赞同！真的是很累，因为我们这个行业属于危险行业，可能政府在这方面的控制也都比较严格一点，遇上高温或者是真的有个什么事情就叫你停产了。而且我们订单有时候传不过来，客户又会骂我们，然后又着急。加上现在这些年轻人都不太愿意干太脏的活，所以劳工这一块也是一个问题。

就这些原因，我觉得做起来特别累。

Q 开工厂跟做贸易是不一样的？

A 对，不一样。我爸那会儿做烟花贸易应该是说比较轻松，那时候劳工各个方面都挺好的，做贸易这一块的人也很少。我爸是 1989 年开始做的，所以那时候他的利润比现在也要高，那时候竞争也没有现在这么厉害。他那时候做事，除了语言方面不能直接跟老外沟通，其他的都比现在要好。现在公司太多了，我们竞争压力就比较大，中间这个利润就越来越薄了。所以真的要在这个行业立足，我感觉就必须紧抓两个终端，要不就是生产，要不就是销售。有些客户说，别人给我的报价是 2 块钱，你怎么给我报的是 3 块钱？你看，别人比你便宜一块钱，客户都会走掉的。我们每年也要去找新的客户，完了也要丢失客户，假使别人比你便宜，他肯定就到别人那儿了，你又丢失了这部分客户。

5

荒蛮之地，往往可以爆发出最强大的力量。地处深圳经济特区却偏居工业区一隅，一家基因测序机构也在经历中国式生长。

科学家不预测未来，他们喜欢创造未来。20 岁刚出头的赵柏闻已经是世界认知基因领域的顶尖科学家，他带领着国内外十几位专家学者，从事人类智力差异与基因的关联研究。赵柏闻曾就读于北京人大附中，高二那年暑假，他在深圳盐田港边一幢旧鞋厂改造的大楼里参加了一次科学夏令营。夏令营结束后，他做出了重要的一次人生选择：退学，创业。

赵柏闻至今都记得当时做出重大人生抉择的那段经历：

“父母他们那个时候正在内蒙古旅游，接到我电话就赶过来了，连夜赶过来，汪老师他都出现了，他跟我父母讲说，单独去聊一聊，聊什么我也不清楚，聊完了出来我父母就同意了。”

华大基因联合创始人汪建就是赵柏闻口中的这个“汪老师”：汪建自称“土匪科学家”——他的一双鞋子穿了 3 年，一年四季都穿它；他还骑着自行车上下班。

20 世纪 80 年代，他在美国研究基因科学，90 年代，他代表中国参加了国际人类基因组计划。他喜欢用“中国太小，宇宙太大，地球正好”来描绘基因应用的前景。基因研究，不仅代表着人类对自身的认知，更将对未来的生物经济时代产生革命性影响。中国并不拥有这个领域最尖端的技术，但中国人愿意去做最基础的工作。

解读基因要从测序开始。汪建要以产业带动科研，因为他相信：

“所有的生命科学的根本是基因。现在 X 光那些东西不管用了，因为所有的变化疾病是从你的细胞开始，是从 DNA 开始的。”

2010 年，汪建贷款 15 亿美元，买下 128 台美国最新问世的测序仪，一举建立起全世界最大的基因测序和数据分析平台。

对于基因测序这样一个高端的产业，汪建有自己独到的理解：

“出生缺陷 80% 以上是因为基因变化导致的，这个没错吧。任何人都认可。那既然是基因，那我就能读得出来，我读得出来你就可以避免这个，你们两个本来不配对，你们俩配什么配？你以为你高富帅你就管用了？”

2011年1月，国家发改委批复同意深圳依托华大基因研究院组建国家基因库。同年10月，国家基因库建设方案由国家发展改革委、财政部、工业和信息化部、国家卫生和计划生育委员会四部委批复。国家基因库基地位于深圳市大鹏新区大鹏街道下沙片区“禾塘仔”地块，一期建筑面积47500平方米。

国家基因库采用基因信息数据库和生物样本资源库相结合的建设模式，以“存、读、懂、写、用”为建设目标，打造既有数据又有可溯源实体样本的新一代基因资源库、信息库、知识库和工具库。旨在保护我国珍贵且特有的遗传资源，实现基因及数据资源共享利用，提高我国基因组数据的储存、分析和管理能力，进而推动生命科学和生物产业发展，对于抢占未来生物经济的战略制高点、掌控基因战略资源，具有极其重要的战略意义。

赵柏闻也认为自己受到了汪建的感染：

“他触动了我内心深处的一种很原始的冲动，就是想去探寻全世界没有人知道的一些事情，这种事情一定是对全人类、全社会都有意义的。”

能够掌控自己的生命历程，这几乎是人类梦寐以求的最高境界。汪建和他的团队希望通过基因测序服务，获取百万人以上的信息，再将数据加以研发应用，服务于大众。让普通人通过基因筛查获得更加健康的生命，汪建相信这将是一个价值可达一万亿元的大市场。

所以，汪建的口号是：先为各国人民服务，然后让各国货币为我服务。他笑言自己走的是“野路子”：

“华大的做法是把它包起来，我基础研究有吧，我技术力量有吧，我产业有吧，我全球化有吧，IT也是我的一个核心支撑吧，野是野了点吧？”

“华大”每年产出的基因测序数据占到全球的一半，在生物经济的链条上，它已经是不可或缺的关键环节。

年轻的赵柏闻也感受到了这股蛮荒之力：

“科学是没有国界的，但是科学家是有国界的。感觉（华大）像城乡结合处一样的一个地方，周围都是工厂，港口的货柜。半夜我进去，印象非常深刻，灯火通明。”

对庞杂的数据进行分析、拼装，解读，只能靠人。对于年轻人来说，这里不讲资历，能够参与重大的科研项目，边干边学。大量的实战机会吸引着几千名生物领域的专家夜以继日，解码世界的DNA。无论是科技还是商业，都需要有创新的基因。

Michael koch
王 博

□2016 年 9 月 22 日，深圳国家基因库开业仪式隆重举行。国家基因库理事会成员单位、科学委员会专家学者、全球知名合作伙伴代表等出席了仪式。此次开业仪式是深圳国家基因库发展的一个里程碑，国家基因库将继续以服务国家战略需求作为出发点，融合近年来生命科学学科的国际前沿动向，进一步完善"三库两平台"的业务结构，扮演好公共服务平台的角色，形成从资源到科研、产业的全贯穿全覆盖的模式，实现大资源、大数据、大科学、大产业的联动。深圳国家基因库设立以理事会为核心的管理结构，为全国服务，起到公共服务作用，积极探索行之有效的运行管理机制和可持续发展的服务模式；体现国家意志，加快打造我国基因资源及生命信息大数据战略高地。

这些聪慧且极具眼光、干劲的年轻人引起了联合国秘书长高级顾问 Frederick C. Dubee 的高度赞誉：

“（让我惊讶的是）他们那么的年轻，平均年龄只有 26 岁，这是非常非常特别的。而且他们来自不同的学术领域，就像是生活在一个思想不受束缚的世界，这使得他们不拘泥于一门学科，一套准则或者一种思想体系，他们总是在用新的方式和角度看这个世界，这对基因学来说是非常重要的。”

在批评者看来，这不过是一个依赖仪器和人口红利的测序工厂。但汪建推崇的是关于“两弹一星”的一句话去回应那些质疑：没有一声巨响，这个世界谁也不会理睬你。

“华大基因人”对于创业以及创业环境也各有各的理解。比如，汪建认为：

“Venture Capital 是风险投资，我是 Venture Science，我用科学来换取胜利。”

赵柏闻也有自己的体会：

“说你们就是不想守规矩，你们就是想突破、想创新，他就给你们一个环境。没有人有独立办公室，后来我去见汪老师，汪老师也是，他就坐一个卡位上，他也没有自己的办公室。”

在“华大”，大家都是平等的，汪建说：

“我们有什么区别吗，人和人？现在你看‘华大’谁敢讲高端客户，谁敢讲‘高端’两字我就灭了谁，人跟人有什么区别？在我们的机器读那个 ATCG 有什么区别？”

正是有了良好的创业环境，大家才能迸发出热情。

对此，赵柏闻深有体会：

“我们要让我们的这种应用，让我们的这种研究去造福更多的人，去影响到更多的人的生活。”

汪建认为大家正在从事的事业，在中国的社会发展历程中具有承前启后的作用：

“为什么过去的 100 多年我们落后呢？所以有时候需要反省，优势中间也包含着你的劣势，要不然你还是沉睡于梦想之中。我勤劳，我勇敢，我聪明，我智慧，so what（那又怎么样）？拿点东西看看。”

站在深圳新华大基因总部的工地上，汪建常常心潮澎湃、浮想联翩。

这片未来国家基因库的建设基地上，一条长近 90 公里的铁丝关曾经分隔着特区与内地。随着时代的变迁，铁丝关已经成为记忆的片段。时代飞速向前，在汪建看来，过去是“引进来”的 30 年，未来将是“走出去”的 30 年。

还是汪建的这句话更为精辟：

“作为一个地球人，我本来就从非洲走出去的，我再走回非洲去又怎么样？对吧？我回家。”

汪建的一双鞋子能穿3年，并且，一年四季都穿着它；他还骑着自行车上下班；在镜头面前，他总是滔滔不绝、意气飞扬……他这个人和他所从事的工作一样，都充满了蓬勃的蛮荒之力。

追访·汪建 /

Q 在您眼中，您现在所做的，似乎关系到中国人的梦想，是这样吗？

A 这不是一个梦想，是真的。我致力于做的是让我们自己先生得健康、先病得少、先活得长。如果我动不动就说这是对国家、对世界的贡献，和对社会产业发展的想法，过去引起了很多的争议和质疑。所以，我现在倒过来说，我们“华大”是极端“自私自利，贪生怕死”的，所以，我们做任何事情先从我做起、做好自己。

“华大”是生命时代的新的生产和生活方式的引领者、先行者，而先行者只有证明自己，才能造福人类。在“华大”，我的桌子上挂的匾，写着“身体好、学习好、工作好”，我也要求每一个华大人先把自己身体照顾好。我们把自己的事情做好，把家里的事情做好，它就会变成国事，就会变成全世界的事情。如果我们老说把自己排在世界第几，对国家做多少贡献，那想的还是经济，想的是别人兜里的钱，我们先“贪生怕死”，把自己的事情做好，所以，我们的思想倒过来了，这就更真实、更落地。

在这个基础上，“华大”提出了“三大纪律”。第一项，控制好出生缺陷；第二，远离心脑血管疾病和“三高”；华大鼓励员工爬楼梯和锻炼，要称你的体重，量你的血压，我们要求员工要保持自己的健康；第三，远离肿瘤。我们能不能把中国的肿瘤的 5 年生存率提高？现在中国的肿瘤早期防治不如欧美国家，我们肿瘤的 5 年生存率连欧美国家的一半都不到。我们能不能把中国的肿瘤病人的 5 年生存率再提高 20 个百分点？能在 5 年、10 年追上欧美的国家，这是不是我们应该做的事情？那我们华大员工应不应该做到？这叫纪律，我们必须要做到。

我们要回答一个核心的问题：人活着这一辈子的追求是什么？绝大多数老百姓是不是要活得健康？活得美丽？更有经济基础、更有社会资源的人是不是希望活得更长？三皇五帝都热衷于炼丹，这是不是人类的终极追求？如果我们把人类的最高追求、终极追求作为我们的追求之一，我们是不是要换一种思路，换一种活法，换一种做法？所以，我总结出“人类发展五部曲”：“柴米油盐”“衣食住行”差不多就行；“生优病少”该不该做到？“吃喝玩乐”能不能尽兴？“两质（体质、颜值）永葆”了，你还有什么求吗？工业是在农民革命以后用快速的生产来满足我们的衣食住行的，但是衣食住行满足以后，今天我们有多少人能够把控住自己的生老病死呢？

健康美丽、幸福长寿能不能做到？它的科学极限挑战是什么？一个受精卵的形成，一个胎儿在母亲体内的成长到一个婴儿的呱呱落地是不是基因决定的？还有别的东西吗？我们生得健康是不是我们的基因决定的？是不是基因在复制生长的过程中、母亲怀孕时候的健康状态发挥了决定性的影响呢？所以用这些先进的科学方法能不能减少甚至控制出生缺陷呢？如果能做到这是不是千秋万代的功德？那换句话说，如果我们要实现人类的最高、最终的目标，是不是要从基因科学开始呢？

Q 请问您对华大基因的未来会有怎样的预期？

A 我骨子里面有一个想法：农业革命、农耕文化到现在大概是 1 万年，在发达国家，农业人口是什么结局呢？美国的农业人口 3%、4%，最多 5%；欧洲的农业人口稍微多一点。那我反过来倒问一句：工业革命、工业经济能在历史上存活多久呢？我个人并不认为工业发展、工业革命能持续 100 年，特别是最近一两年来的进步，3D 打印、机器人、互联网……让围绕着财富、围绕着衣食住行的物质生产变得越来越容易，越来越快捷，越来越便宜。那我想，工业革命的结局会不会跟农业革命一样，最后10%的工业人口就能保证全地球人的生存和物质需求呢？那社会发展往哪去？工业发展到今天，很多都是过剩，首先是产能过剩，然后是物质过剩。我在深圳住的楼里至少三分之一是空着的，而且空了好几年了，这是不是物质过剩？这样的发展模式、经济模式对吗？过度工业化对生态的不友好导致生态的不平衡，这个对吗？我们这30年的发展，经济上的确快速发展，但同时我们的心脑血管死亡率持续30年几乎是一年一个百分点在增长，我们肿瘤的发生率和发病率也在一个持续增长的数值……我们不需要反思我们的生产模式吗？我们不需要反思我们的生活方式吗？

物质时代正在过去，“华大”是“生命时代”新的生活和生产方式的先行者、引领者。生命时代正以它不可抗拒的科学发展的规律和社会的需求迅速地发展和成长，它将成为工业革命以来一个新的社会模式，它会成为新的发展的最终落脚点。如果我前面那个假设是正确的，如果大家承认农业革命的结局是农业人口的大量减少，工业革命的结局是工业人口的减少，那么请问健康产业会过剩吗？生命长寿的需求会过剩吗？不会。所以这将是一个永久的人类的最终最高最大的社会发展趋势，是永无止境的社会发展模式。让我们尽快地摆脱农业时代的思维方式、工业时代的思维方式，进入一种全新的社会模式里面去，让我们的生命科学、生物经济的发展走在世界的最前列。这是个全新的发展势态，一个全新的领域，一个全新的社会结构，一个全新的经济状态，一个全新的生活模式，一个全新的生产模式，一个全新的社会模式就在眼前，它的核心的科技支撑就是基因科学和基因科学衍生的无数个+，社会发展只有健康+，只有生命+，没有了健康还有其他吗？没有了生命还有其他吗？让我们把所有的社会发展的注意力回到人的本源，回到人类的健康，回到人类生命的价值上来。

所以，我们“华大”坚持大目标导向，希望将已经取得的成果和已经建立的科技优势通过国情优势得以放大，以国家的意志和力量，加快加大推进以基因科技为支撑的民生、科研、经济三联互动的力度。为重大传染病、出生缺陷、恶性肿瘤、代谢与心脑血管病等疾病领域的精准防控和诊疗提供世界一流的科技支撑，实现造福人民、科技引领和经济发展的三赢。为护航“健康中国”及“一带一路”提供创新发展的动力与模式，构筑人类发展史上的辉煌。

□ 每一个“华大人”都明白自己身上的职责所在。他们所做的，事关人类的前途。

□ 张铭欢导演及摄制组在华坚集团拍摄。

我导·我说

与全世界做生意

A BIZ DATE WITH THE WORLD

与世界的距离

和几年前《与全世界做生意》开始策划时相比，如今的中国与世界交往更多，不仅已经成为世界第一贸易国，还在“一带一路”的战略下加快了走出去的脚步。

贸易自古有之，它是人类社会最澄明、最具禀赋的行为。它培育了人与人之间最基础、直接的关系，它让智慧得以流动，让世界变得丰富多彩……带着这些思考和观察，我们开始了这次全新的探索：我们希望赋予“生意”新的概念，希望通过生意，客观、真实地展现火热的中国正在发生的历史面貌的变化，记录正在上演着的那些激动人心的事件，聚焦这片既熟悉又陌生的土地，用人的笔触，“书写”一部属于这个时代的《望长城》。

一部片子，找到要表达的东西是最重要的。这一集刚开始前期调研，我们选择了以东莞鞋业为代表的中国制造业。记得抵达东莞的那天，乌云密布。也就在那一天，我走进了传说中的那些“世界工厂”，听到了连绵的机器轰鸣、生产线拉长嘶哑的嗓音，听到了台资老板们的抱怨，记住了夕阳下宿舍阳台上晾晒的花花绿绿的工服。同时，我记住的不仅有流水线上的青春与梦想，更有那些肆无忌惮展露雄心，对惊人风险泰然处之的野心勃勃的奋斗者……千千万万的普通工人，雄心勃勃的企业家，不同肤色的贸易商，他们推动着中国的进程，他们在和世界一起转动，这就是我心目中的《与全世界做生意》。鞋是中国最早加入世界加工贸易的商品，在中国对外部世界影响力不断增大的今天，在高铁、核电、通信、汽车制造、农业等等你所了解或不了解的行业，包括你我在内的每一个人都在让中国和世界发生千丝万缕的联系，生意其实就在我们身边。所以，我们提出了一句宣传词：放眼寻路中国，转身遇见世界，记录那些被生意改变的生活和生命，特别代表我们想要表达的东西。

面临的挑战和取得的突破

这套片子，在题材、理念方面，我们力求找到不一样的讲故事的方法，让商业题材与普通观众更为贴近。这次，我们借鉴了商业地理的手法，把人、商业活动，同社会、地理、历史等结合在一起，再结合非虚构写作的观察方法。我们想尝试用最底层的最普通小人物来反映大社会，为此我们做了两方面的努力：一方面，如何把“人”“风土”“社会”“行业”相结合，将刻画人物细节和行业大背景甚至是国家的政治经济形势有机结合起来。老说“大背景、小人物”，我们一直努力试着如何把这个“大”和“小”结合好。另一方面，我们努力将专业晦涩的经济学概念或某个行业中特定的背景以观众更容易接受的方式，用电视化的手段去呈现。

让故事生长在观众的心里

结合这次拍摄，我想记录内心的几点感受：

（1）导演的首要职责是有话要说，因为观众们最希望听到的是导演的声音。希望导演用声画手法呈现你的态度，你的观察，你的价值观。表达观点是一件微妙的事情，不凌驾于故事之上，但也不能冷眼旁观。

（2）如何选择人物？

临摹经济腾飞的中国，呈现经济全球化大背景下的中国与世界，人物和场景是尤其重要的。我们所接触到的故事样貌多，行业多，涉及的情况也较为复杂。但落实到最基本的点上都是“人”——你选择什么样的主人公，是一群人，还是一个人？怎么表现人？考量的标准是什么？

（3）故事从哪来？

一次最长10天周期的拍摄，往往只能拍到片段，如何组织这些片段，经营好这些片段，需要我们塑造好“没有故事的故事”。第一，需要精准捕捉人物的重要时刻，围绕这个瞬间塑造。第二，需要注重细节。很多故事没有冲突，要靠张力，靠细节，用好细节，润物细无声。第三，离题，离题有时候是一个好方法。第四，影视是一项综合艺术，结合剪辑、解说词、音乐的综合运用，让故事发生在观众的眼睛里，发生在观众的耳朵里。

第一集导演　张铭欢

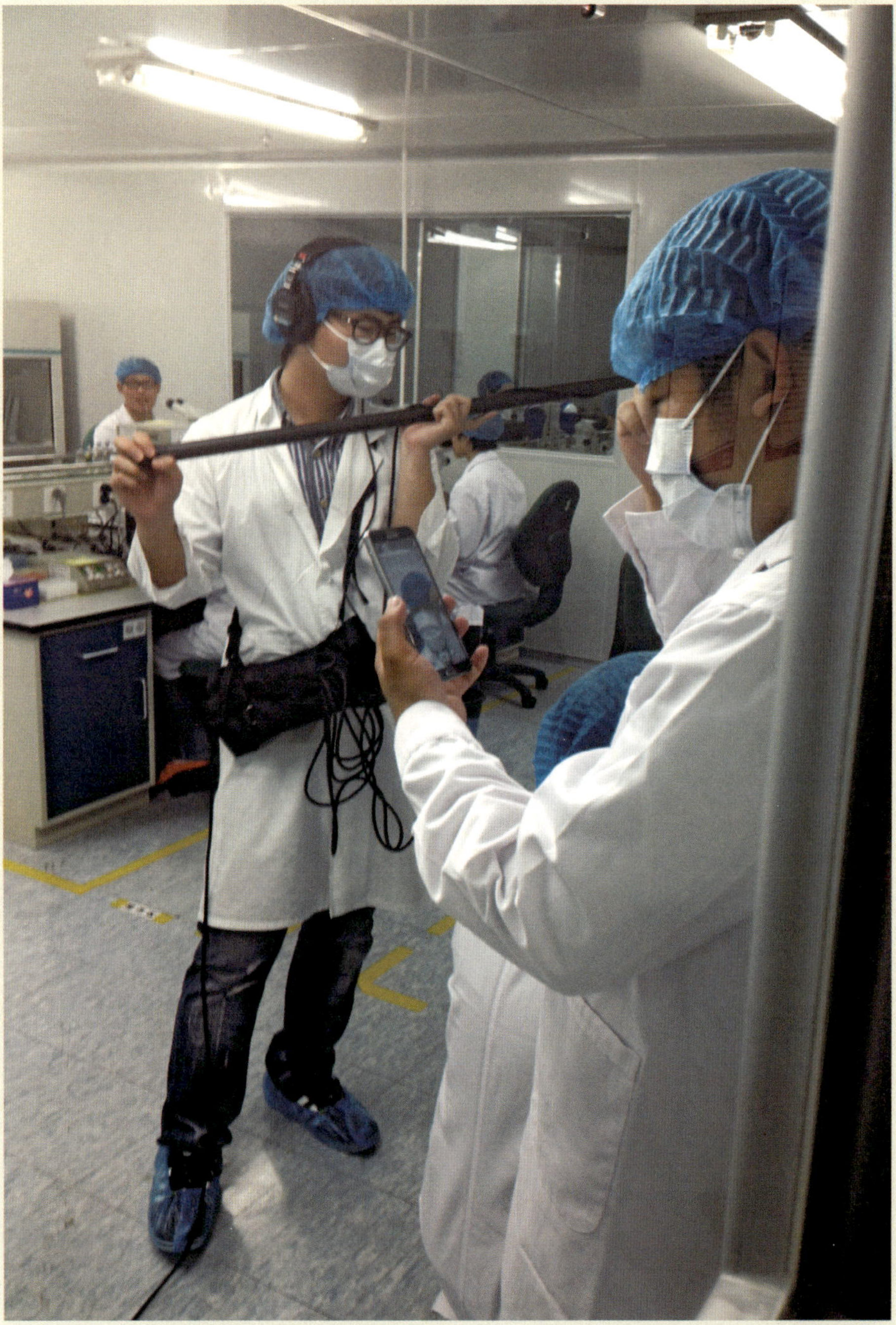

□ 摄像师穿上工作服，在“华大基因”拍摄。

张华荣在埃塞俄比亚的工厂里评述道：
“我认为，有效益有意义的事情，大家共享就叫生意。
我们离世界到底有多远？并不远，但是，需要坎坷地去拉近。”

>>>

李昌宪站在纽约的街头连连感慨：
“还是这样，当年来的时候是什么样现在还是什么样，
但是中国的变化却非常大，中国人走出国门跟世界做生意，
也越来越自信了。”

>>>

2016 年 9 月 22 日，国家基因库开业仪式在深圳隆重举行。
汪建的构想中更是充满铿锵之气：
“我们把自己的事情做好，把家里的事情做好，
它就会变成国事，就会变成全世界的事”

>>>

是的，世界以前所未有的方式连成了一个整体。
为了与这个新世界相遇，中国人奔跑在伟大而崎岖的道路上。

>>>

他们不仅善于进取，还会耐心等待——
这是他们所具有的一些古老的品德，跟这个国家一样，历久弥坚。

第一集

第二集

去远方

全球化背景下的中国人从来不缺乏勇气和冒险的精神。
他们逾越地理的距离，突破心理的疆界，
在怀疑与冲突中前行，用自己的方式闯入全新的世界。

美国犹他州由于山多，气候干旱，可耕地不多。辽阔的河谷地区适合发展灌溉农业，种植饲草（苜蓿）是相当理想的场地。

在中国有“草王”之称的张仁武，跨越太平洋，在已经移民美国的大学同学郜闻的帮助下，买下了占地2.2万英亩的辽阔农场——埃斯科兰迪（Escalante），成为这里的新主人。昔日的同窗也成了张仁武今天的生意伙伴。

“在飞机上飞过我那个农场上空的时候，我一看，我在飞机上数了半天，17个圈，周围是‘绿河’，我一数，哦，这是属于我的农场。”

“埃斯科兰迪农场”的名字是西班牙语，意味着“攀登者”。张仁武开着前任农场主桑德尔的车，也接过了他的“地盘”，这一收购行动被美国同行称为“收购范例”，它也意味着，张仁武将在异国他乡开辟自己的新疆域，朝着更高的目标前行。

张仁武只种植一种作物，饲养奶牛的紫花苜蓿。而收获的牧草，将全部销往中国。苜蓿草是一个大多数人并不熟知的草种，经典的3片叶子，无论茎叶都和餐桌上的豆苗颇为相似，但这种貌似普通的绿叶草，在和各种草打了数十年交道的张仁武看来，就是一个宝贝。苜蓿草是世界公认的饲养奶牛的最佳粗饲料。但是在中国，有限的耕地首先要保证粮食的种植。所以，利用美国的阳光、土地和水，来解决中国的牧草稀缺，这就是张仁武的设想。

美国农业的规模化程度超乎想象。整个农场，只靠5个人的高效打理，在这里，人人都是多面手。

乔春晖是农场唯一的中国员工。小伙子在中国上大学，来美国当农民。来到美国，他觉得眼界大开：

“来这以后，我看到了和人家的差距。我们有一个小朋友叫萨拉斯，他今年是14岁，我们农场所有的工具他全部会用。我是东北农业大学毕业的，来这以后跟人家一比，感觉他像30多岁的人，我像个十几岁的孩子似的。那种思想上的成熟度，他们那种自理的能力（值得我学习）！”

张仁武和老同学在一起把酒言欢，同样兴奋异常：

“我跟我的老班长，我们两个联手，在中国是走到世界最发达国家——美国来购买农场、大规模经营农场的第一人。”

由于缺少自己的牧草加工环节，张仁武与

美国苜蓿供应商百利（Bailey Farm）公司进行了合作。由百利公司负责把张仁武的牧草进行压缩和品牌包装后，出口到中国。这些苜蓿草已经成为伊利、三元这样的大型企业喂养顶级奶牛的重要饲料来源。

可在合作过程中，却发生了令人不快的状况。邵闻非常熟悉其中的来龙去脉：

“我们出口到中国所有的草打的都是百利的品牌。当百利在国内形成一定的气候，大家都知道有百利这个品牌的时候，他们自己又派人到中国去成立了他们的办事处。就等于在背后绕过我们，去把他们的事业在中国想再开发起来。”

美国人暗中抛开张仁武，尝试自己利用品牌的优势，直接和中国的乳品巨头打交道。但他们忘了：在中国，张仁武的名字就是敲开牧草生意的名片。是他多年积攒的人脉，才打通了美国苜蓿出口到中国的渠道。

对于百利这种违背承诺、“釜底抽薪”的做法，张仁武当然感到愤怒：

“做这个市场，牌子是你的。但是你不要忘记，所有规模化奶牛场，不是完全认的你这个品牌。他认什么？张仁武这张脸。”

尽管如此，生意仍然要进行下去。面临没有自属加工厂的尴尬现状，张仁武不得不决定和百利重新回到谈判桌前。他直言不讳地对对方说：

“我早就想知道他们的真实想法了。对于这件事，我是相当生气的。伊利告诉我，百利直接通过别人来报价，比你现在给伊利供货，每吨草便宜了 200 多元人民币。这让人家伊利根本就认为，百利和（我的）绿田园之间不是真正的合作关系。”

百利草业的史蒂夫承认：

“是的，这个我们不能辩解……”

事实上，美国人绕开张仁武的取巧做法最终也在中国企业那里碰了钉子。这也让他们不得不反思，该如何重新定位眼前的这位中国对手。

百利草业的汤姆·百利向张仁武解释道：

“怎么说呢，如果我们给你们带来了麻烦，我想我们应该道歉。这里面显然存在一些问题，但我们不是故意的……我非常明白。我希望能继续合作，保持好的合作关系。我心中非常清楚这种感受。”

邵闻也在两边试图做一些调解工作：

“这个事情给大家上了一课，他（指张仁武）非常理解目前这个状况出现是什么原因。”

内蒙古人张仁武表现出北方汉子特有的大度：

“没关系，只要咱们把双方的共同利益点找见。我的眼光是看在未来的长远，怎么样在中国草业上我们要占有自己的位置。”

汤姆·百利也诚恳地释放出诚意：

“我们需要听你们说，我们该做什么，不该做什么。”

张仁武继续为双方的合作前景铺路：

“如果你们认可我刚才的说法，好了，现在咱们要做的事情就是，赶快去中国称之为‘草都’的阿鲁科尔沁旗建加工厂。越快越好，不能再等了。”

把美国人完备的加工环节引入中国，解决牧草加工的根本问题，这就是张仁武的底牌。

可对于他的提议，百利似乎也早有准备，汤姆·百利提出：

“你们想在赤峰建草场，对吗？好的，我们可以和你们联合经营。但是作为回报，我们要埃斯科兰迪农场 15% 的所有权。同时，我们也要拥有赤峰农场在中国的部分运营权，你们还是最大的股东，我们只是变成利益共同体。”

邵闻帮自己的老同学向对方稍作解释：

“他现在提了个条件，在中国的工厂我要占有一定的比例。反过来，埃斯科兰迪农场，你也要给我 15% 的股份。他把这个球踢过来让我们研究一下，我觉得这个事情也挺有意思的。”

张仁武拥有商人特有的敏捷和机智，他积极地回应道：

“汤姆说看重我们埃斯科兰迪农场，我感觉很自豪，说明我们原来有眼光啊。我原来的埃斯科兰迪农场，包括北京的加工厂，我都希望百利参与进来。但是同样，我也看好百利。你这块的加工厂多少也得让我们参与进去，因为这是美国草向中国出口的一个核心的问题呀。你原来的加工厂，我们也得参与呀。”

听了张仁武的提议和要求，百利的代表们都面露会心的微笑。史蒂夫赞许道：

“这是个不错的计划，是个好的想法，我们可以向前迈进……”

美国人如愿向中国市场踏进一步；而张仁武也参与进牧草加工的实质环节——建立在共同利益上的合作依然可以走下去，中国人和美国人在摩擦中彼此妥协，力争实现共赢。

这个美国的西部小镇之前从未来过中国人。人们曾经担心，中国牧场主是否会给本地带来不可知的改变。但几年过去了，除了埃斯科兰迪成为当地效益最好的农场，让邻居们羡慕之外，什么都没有发生。如今，张仁武成了名扬北美的“中国草王”，就连希拉里和奥巴马总统都听说过有关他种草的故事，加拿大《渥太华时报》更是称他为“点草成金”的“超级农庄主”！

闲暇之余，张仁武和邵闻会一起“忆往事峥嵘岁月稠，恰同学少年，风华正茂”，他们俩拿出当年的毕业纪念册，去寻找曾经年轻、蓬勃、心高气傲的那个自己：

□ 在中国，张仁武和邵闻是同学；在美国，他们已是合作伙伴。他们一起经营农场，一起和美方谈判，一起憧憬去更远的地方。

“山东大学 83 级生命科学院毕业的时候，我们班 40 几个学生一块出了这么个纪念册。在下邵闻，山东济宁人士，素以豪侠仗义为荣。”

邵闻念完了自己当年在纪念册上留下的豪言壮语，又找到了张仁武的位置：

“张仁武同学在这儿。”

张仁武向老同学征询意见：

“在那天地相接的远方……这么念行吗？地平线延伸到心灵的深处，英俊的牧人挥舞着皮鞭，也挥舞着广阔的草原。去远方吗，朋友，趁光阴正好，我去远方。”

念罢，张仁武脸上露出了自豪的笑容。“中国人，美国农场主。”在 2013 年 12 月召开的中国新农业产业年会上，张仁武曾经用这句话做开场白。这比他名片上印着的 4 家公司的董事长头衔要简洁且有力得多。不知当年心怀宏愿的两个少年，是否会预料到：若干年后，他们竟然可以在美国一片辽阔的草原上，让发端于菁菁校园的梦想纵情驰骋。

2

▸ 对于李海彬来说，很多客人的印度孟买之行，是从他的机场接站服务开始的。

“欢迎欢迎，你好你好。”

就是这样，李海彬常常在机场，用笑容和热情迎接来自中国的同胞们，并把他们的行李装上车，还得回答同胞们询问和李海彬同来的印度司机为啥总是那么开心的问题：

“印度人都是比较开心的。”

来孟买6年，时机成熟时，老李经营起了自己的小客栈，专门接待来印度闯荡的中国人。临别时，他仍然用标志性的笑容给他们送行，于是，这些同胞都成了他的“回头客”：

“我加了你的微信，你再过来就行了。再见。”

客栈里进进出出的中国人在印度的项目，涵盖了人们所能想到的各种领域。这个客栈不仅是大家的歇脚地，也是感情寄寓地，李海彬是这么点评其作用的：

“我的客栈就是一个中国人的聚集点。有时候我会说这是一个中国小使馆。”

客栈位于贫民区旁的一座新住宅小区里，这酷似中国的很多家庭式旅馆。即使是住在印度人的社区里，文化和生活方式上的巨大差异，也让大多数中国人很难“入乡随俗”。他们遇到了各种各样的困扰：

“怎么说呢，吃的东西是最麻烦的。反正我不吃印度人的咖喱饭。”

“有的人喜欢咖喱，但我相信其实他天天吃的话，也会觉得要死人的。”

“你可以忍受1个星期，2个星期，1个月，但你要待1年，真的是受不了的。”

……

厨房的“顶梁柱”小宇，到印度后被迫练就了好手艺。印度雇员雷克森得到中国“大厨”的言传身教，最忙的时候，他的厨艺也能救急。

吃的问题，肯定不是雄心勃勃的中国人遇到的最大难题。客栈里随时会有新的冒险者入住。比如，26岁的周剑就是其中的一个：

“我是做钻石生意的。”

这是周剑第一次出国。为给公司开拓新的采购渠道，他来到孟买最大的珠宝市场寻

孟买，印度最大城市和印度最大海港，是马哈拉施特拉邦的首府。1534 年为葡萄牙所占，1661 年转属英国，为亚洲重要的贸易中心。由于位于马哈拉施特拉邦西海岸外的撒尔塞特岛，面临阿拉伯海，孟买港是一个天然深水良港，承担印度超过一半的客运量，货物吞吐量相当大。

孟买是印度的商业和娱乐业之都，拥有重要的金融机构——印度储备银行、孟买证券交易所、印度国家证券交易所和许多印度公司的总部。孟买还是印度印地语影视业（称为宝莱坞）的大本营。

由于其广阔的商业机会和相对较高的生活水准，孟买吸引了来自世界和印度各地的移民，使得该市成为各种社会群体和文化的大杂烩。

找商机。孟买给他留下了独特的印象，有点超出他的想象：

“前天去菲尼克斯城，说是印度最大的市场之一，我看也就和我们县城那儿差不多。许多人不是说，孟买在印度跟上海在中国差不多，我想象着孟买应该也很国际化，来了以后我发现，真的还不如我们县城。来印度我几乎没准备，因为老板给了我足够多的钱。我想，有钱的话，没准备我过来买就行了。但是来了以后，我发现要买的东西都买不到。我就很失望。这应该是我到过最远的地方了吧。”

从国内带来的一袋核桃，成了周剑在印度最大的消遣。他脸上挂着无奈、迷茫、失落的复杂微笑，接续调侃道：

“他们说一脚天堂，一脚地狱，但是我感觉全是地狱。可能得一段时间来适应。”

在客栈里入住的其他房客们也感同身受：

“印度是个神奇的国度。当你回去之后，偶尔还会很想它。”

“你远远想不到在这样的地方，世界各个大公司的客服中心都是在这里接的电话。”

“钱，机会，机遇。这是好地方。”

“他是逼着你去跟全球的人竞争。”

“印度人永远会问，我要最便宜的东西，但我要质量最好的东西。”

“你能跟印度人打交道，做成生意，你在全球都没问题了。”

……

庞大的人口，无尽的消费需求，这个国家巨大的潜力像磁石一样让人无法抗拒。但是，所有来一展抱负的中国人，都感觉到了阻力。

对此，这些房客们自然是深有体会的：

“他答应得是很痛快的，没问题。整天跟你说‘没问题’，但是这里边的问题可大了。”

“跟他约好了时间，下午2点见。他可能晚上8点才出来见我。可能我等了6个小时，他跟我说了5分钟，说回去这个方案你重新做，或者报价修改，就把我们打发了。所以当时心情很崩溃。每天在杀人与不杀人之间徘徊几次。有时候印度人能把人逼到那个程度，你想想。不可思议，好得不可思议和坏得不可思议。和我一起来的中国人，一拨中国人现在已经全都回国了。如果你说以后还要做国际化，肯定逃不开印度、巴西、俄罗斯这几个国家是不是。功课还要重新做。”

“很大一块蛋糕。但是进来之后，想分这块蛋糕其实是很难的。你必须得坚持，花时间、花精力、花金钱。坚持下来，没准你就能成功了。”

……

客栈里汇聚着中国式的经验交流和精神排遣。大家在这里打打扑克，或者喝茶聊天，以打发无聊的时光。

“挑战你的极限，爱拼才会赢。”

这是大家一致的信念。留下来的人相信，必须要占据一席之地，未来总是乐观的。

你无法从一个角度去描述印度。和他的房客们不同，在李海彬眼里，这个国家还有另外的色彩。

客栈的印度员工雷克森在家里为小儿子庆祝生日，李海彬受到邀请。他像在国内给自己的儿子过生日一样，为印度小朋友插上蜡烛，拍着手，唱生日歌。在雷克森所居住的小小的基督教社区里，人们与世无争。社区里低矮的平房，见证了30多户印度人家几代人的生活。

十几米外，就是孟买的滚滚红尘。这是个各种宗教盛行的国度，李海彬是这里的过客，但他似乎也在这里找到了命途的归宿：

“一个待了好几年的地方，又脏又乱，但是又熟悉的地方。这就是我的孟买。”

在这个信仰极其丰富的国度里，普通人的生活随意、虔诚。工地上，人们正在印度节奏下“忙碌”——往往一座楼已经盖了很久，但是仍然很难预见它何时会竣工。

这就是印度！

不知为何，周剑突然生病了，发烧好几天，满头大汗，身体很虚弱，情况很严重，让他自己也很着急：

“本来以为今天好了，没想到还是没好。”

小宇安慰他：

“没事，我们男孩子很强壮的。”

□ 李海彬经营的小客栈是许多来印度发展的中国人的栖息地。

登革热是来印度的外国人最容易患的热带疾病，所以，周剑特别担心自己染上了这种疾病。热心的小宇带着周剑去找医生，一路上还以自己的经验安抚他：

“登革热不是这种症状。我是第一个知道自己得了登革热的。我发烧了两三天，第三天第四天我打退烧针还是不退。我的手臂长疹子了。我恨不得很想骂人。”

几年前，小宇的患病经历让他积攒了在印度就医的丰富经验。人口超过 12 亿的印度，它的免费公共医疗是世界上最有名的医疗保障体系之一。但真正解决大部分印度人日常需求的，仍然是私营诊所。

某间诊所的印度医生让周剑躺在病床上，给他做检查。

印度医生向他保证：

“按我的处方去取药，服用三天后，你的症状会缓解。如果再有什么问题，过来找我。”

诊断结果让周剑暂时松了一口气，临别时，他紧紧地握了握印度医生的手。

从现在开始，这个年轻人的印度之旅才真正开启，他对着这个陌生又神秘的国度大声呼告着：

“印度，我来了！”

当然，李海彬对印度的理解会更深刻些：

“不可思议的印度，它的延伸意义有很多，有好有坏，你自己去体会。你一说它坏的时候，马上有好的东西会跳出来。都同时存在。”

李海彬尽管来这里时间不长，但他仍然觉得自己逐渐成为这里的主宰：

“我们是孟买之王！”

李海彬客栈的后面就是孟买国际机场，直线距离就只有 1 公里。有时候看到飞机下来，李海彬不禁在想：又有一些中国人过来了。

追访 · 李海彬

Q 你在印度做了这么久的生意，你觉得跟印度人打交道需要注意些什么？

A 我觉得，第一，得有打持久战的心理准备，这点非常重要，要有耐心。第二，多了解印度的传统文化，对这个国家的了解越多，很多刚来时令人费解的问题就一一解开了，也就不再为这些文化、宗教、思想差异带来的冲突而苦恼了；第三，尽管英语很通用，假如你会几句印地语，用他们的语言寒暄、开玩笑，与他们做朋友，对于拉近感情是很奏效的，印度人多数很热情，也喜欢聊工作以外的事情，这无形中就为工作铺好了道路；第四点，又是非常重要的，前面三点都比较容易做到，这点就是大多中国人做不到的地方了，那就是要坚持原则，不要让印度商人觉得你是无底线的，大家都知道印度商人很精明，很执着，讨价还价没有尽头，我在印度的 6 年中，包括我所在的公司，太多太多中国企业或个人，在印度商人死缠烂打的招式下，个个都失去原则、败下阵来，结果造成了中国企业的内部恶性争斗，最后我们做不下去了，印度客户也得不到好处。我认为我们中国企业应该看到自己的优势，同行要团结起来，坚持原则，这样我们才能长远地在海外发展壮大起来。如果还有第五点的话，那就还是：要有耐心，打持久战！哈哈！

Q 为什么会离开印度，选择去美国？

A 主要是为了家，为了一家人在一起生活。在印度的 6 年都是我一个人，尽管每两个月回国一趟，与家人小聚，但我还是觉得失去了女儿从 5—10 岁这段最最美好时光，太可惜，太不负责任。也想过把她们都接过来，但要在这个环境下生活和上学，面临的问题就非常多。于是就在第六年的时候，决定放弃印度相对稳定并且有一定发展空间的生意机会，先回到国内，然后再一家人去美国。

选择再次远行，可能与我的个性有关系，我喜欢到处走，不太愿意总在一个地方，而这次是全家一起，在一个更远的远方，既是件幸福的事情，也面临更大的挑战。

想到挑战我总想起在印度时，有人说过的话：能在印度混下去，全世界其他地方就不在话下了！

3

蒙古国首都乌兰巴托的制高点上，巨型雕像和彩色壁画还在讲述已经过去的历史。山脚下，韩国人在自己开发的高档楼盘中捐资修建了巨大的金身佛像。

在蒙古的首都，简易房与摩天大楼共存，这座发展中的现代城市急剧膨胀着。

因为金矿和铜矿的开发，蒙古经济迅猛发展，成为全球关注的新兴市场。作为众多“淘金者”中的一员，中国商人古尔班对这里再了解不过了：

“世界上最适宜投资的两个 M，其实就是缅甸、蒙古。蒙古有些公司，恐怕几个亿美元的资产，根本不是一个事。跟 90 年代比的话，简直是没法理解的事。”

投资者们纷纷涌入。但是，在他们面前的不只有乌兰巴托的开放与现代。乌兰巴托之外，还有这个草原国家更为纯粹的一面。

2005 年，来自中国的鑫都矿业深入蒙古国的南戈壁腹地，成为最早一批进入的拓荒者，他们在这里开发出了图木尔廷敖包锌矿。

在蒙古高原上，草原和戈壁的区别只在于草的生长状况。草是这里的天地，是这里的帷幕，是这里的背景，白色板房——中方员工的全部生活空间，被淹没在茫茫草原之中。

任何从国内带来的补给都是雪中送炭，都是亲人对远在异国的游子满满的“爱”：

“你不是说老感冒吗，给你带的感冒药。白加黑，感冒清。”

即将到来的建矿纪念日，也将会打破这里日复一日的沉寂。

每当锌矿正式投产的纪念日，这一天都会成为当地默认的节日。最有声望的大喇嘛也专程赶来图木尔廷敖包主持仪式。

经过近 10 年的磨合，一切都步入正轨。

蒙古与中国共享 4700 公里的边境线，而历史一度在这两个国家之间踏出一道鸿沟。

中方员工王琤看着眼前仪式上的中蒙汉子们比射箭、摔跤，若有所思地感叹道：

“跟他们在一起，他们很简单，只要你对他们好，他们也把你当朋友一样。你看我回来，他们说好朋友回来了，好朋友回来了。”

图木尔廷敖包锌矿是中国在蒙古国投资最大的矿山项目和最具影响力的中蒙合资企业，2005 年 8 月 28 日正式投产，该矿成为中国企业对外投资开发资源最成功的案例之一，被赞誉为“中蒙合作的典范”。

鑫都公司成立以来，依法经营、照章纳税，对蒙古经济的发展做出了较大的贡献，该矿雇有蒙古工人和外国专家，这对增加当地的就业、带动当地经济的发展起到了积极的作用。投产以来，对蒙古国内生产总值的贡献率达 2%—2.5%。另外，乌兰巴托铁路局、苏赫巴托尔省“塔拉布拉格”煤矿销售和服务收入激增，这也促使国家预算收入增加。

鑫都公司在自身发展的同时，还积极参与当地的社会公益事业，采取措施回报当地，带动当地经济的发展，赢得了当地政府和老百姓的拥护和支持。该矿与苏赫巴托尔省合作，为教育和卫生部门定期提供援助。例如，该矿每年定期担苏赫巴托尔省 20 名大学生的学费，并为该省综合医院新建了先进的 X 光透视室，还对病房进行了装修。此外，该矿投入 1.1 亿图在矿点与西乌拉尔特县间架设了 15 公里的光缆线，连通了 Mobicom 和 Skytel 公司的手机网络。

中国人的到来改变了当地的很多事——原本的牧人有了朝九晚五的作息表；勤快的中国人也要学会适应游牧民族的随性。

横幅、舞台、人们站成一排等着领导依次颁发奖状……在极富中国特色的表彰大会上，获得荣誉让每个人都很高兴，台下的观众也跟着举手欢庆，一切都如一场盛大的狂欢。

中国采矿者请蒙古人做顾问，聘用当地人做员工。事实上，已经很难分清这到底是一家中国企业还是蒙古企业。曾经封闭的蒙古已经和世界经济接轨，学习和适应着全新的世界秩序。

作为蒙古人最重要的邻居，中国人一度占得先机。但是，这个草原国家敞开的大门也吸引了来自全球的竞争者。在百忙之中，乌兰巴托的中国商人们会抽空聚在一起，小酌，聊天，以慰乡愁，但欢笑仍然遮掩不住丝丝蔓延开来的压力和紧迫感：

“我们再不跟人家竞争不行了，竞争处于弱势。这是件好事，教育人，世事教育人。”

从北京飞到乌兰巴托只需要两个半小时，但这并不包括心理上的距离。中方员工秦志建在工余就靠养花种草来打发寂寞，花草的成长陪伴着他的心路历程：

“我是 2006 年从山西运城带回来这些花

种。这花开的时间就是太短了，才两个多月。过两天，一下雪这花就全死了。结果2005 年我都有点不想干了，想回去。哎呀太冷了。到后来慢慢还习惯了，还觉得家里面太热了。”

而员工小褚则一个人闷闷地，任凭孤独在香烟里弥散：

“你必须得让自己保持高兴，本来在这边，一个人很枯燥，而且中国人就这么几个，如果精神上再自己压迫自己的话，那就太对不起自己了。”

晚上，大家在宿舍给杨言贺刚刚结束探亲、即将回国的妻子和儿子践行。

送别的酒总是苦涩的，小杨假装着笑，一边和工友觥筹交错，一边把悲伤压抑到心底，安慰着一旁已露出哭相的小儿子：

“大概 10 个小时（车程）吧。没事，儿子好坚强的。明年再来爸爸这里好不好？”

听爸爸说完，小儿子用小手掩着眼睛，而小杨自己的表情也陡然发生了变化。其实，幅员辽阔的蒙古何尝没有把每一个人的孤独放大到无数倍呢？已经当了妈妈的王琤最熟悉这种感觉了：

“蒙古是全世界每平方公里人口最少的国家，它每平方公里现在应该只有 2 个人。25 岁、26 岁、27 岁的生日都在这里过的。每年一到夏天的时候，我就想带着孩子去草原。孩子太小，她说我不想去草原，我想去海边，其实等于说那是你的一个情结，其实根本不是孩子的情结。”

如果没有新的发现，图木尔廷敖包锌矿将于 10 年后开采殆尽。而中国投资者始终没有停止在这里寻找潜在的矿藏与新的合作机会。

500 公里外的路尽头是中蒙交界的边境城市二连浩特。小城因由边境贸易而繁荣。每年有 170 万人次的中国人和蒙古人在这里出入境。

对面那个充满机会的能源大国充斥着历史、政治和商业的隐喻，它欢迎真正有准备的拓荒者。

追访 · 王琤 /

Q 去蒙古工作，是不是有种旅行的感觉？

A 刚开始的时候有旅游的感觉，3 个月以后就没有了。每天两点一线的生活也很枯燥，而且这“两点”还就几步的距离，跟“一点”也没啥区别了。

Q 为什么想带着孩子去草原旅行？

A 因为那是妈妈唯一外派的经历，和别人不一样的经历。想带她去感受一下，讲好多好多妈妈的故事、蒙古人的故事给她听。

4

在意大利威尼斯的一家小旅行社里，赶在圣诞前夕从北京返回的林洁，和她的意大利伙伴分享最新的经营想法。威尼斯附近的小镇 Dolo，是林洁在意大利的家。经济不景气并没有干扰到小镇四平八稳的生活。

在意大利努力打拼了 20 年之后，林洁开始有意把自己的事业重心转回中国，因为，她太知晓“叶落归根”的道理：

“中国人真的甭管你以后国籍是哪，你必须做跟自己血脉相关的事情，你才能够挣到那部分。”

所以，林洁开的车头都放着中国乡土气息的虎头鞋。

在当地的某所中学门口，林洁等到已经一个月没见面的儿子。但儿子要先回自己和爸爸的家，才能去妈妈那里。林洁一脸无奈地诉说着事业给她的婚姻带来的冲击：

“其实我跟你说，也就是因为前几年这个工作闹的，结果最后跟他爸也就这样了。他不能理解，外国人不能理解说，女人在外边为了工作这么拼命，就觉得找一个一天 8 小时的工作完了呗，家里头老婆孩子热炕头对他们来讲是最重要的。”

年轻时，林洁就在意大利成立了自己的旅行社。生意做得有声有色，但她也同样付出了代价。所以，她会一边抚摸儿子的脸，一边向他传授自己的生存之道：

“天天你妈在家才好呢是吧？这么陪着你。我说在意大利要记住了，你要要面子，你就最后没面子。我现在只能是练到了一半的功夫。”

就在距离 Dolo 十几分钟车程的地方，聚集着数量可观的另外一群中国人。其中，来自浙江温州的一个女孩开着杂货店。就连整理货品这样的小事，她都有自己的一套：

“很多人都要买的，摆好一点。”

温州人的小杂货店里应有尽有，有李锦记的调味料、王致和的腐乳、温州产的八角、健力宝饮料、香菜、大白菜……就像回到了中国。店铺的一角，是华人圈子的招工和出租广告。经常会有中国人经过，看看能不能找到新的机会。

十几年前，还在做导游的林洁每天坐火车往返于家和威尼斯之间，现在回忆起来，她觉得那是一种强大的精神力量在支撑着她：

□ 林洁说，漂泊久了，在意大利怎么都找不到自己的“根”。不知道，车头的这双虎头鞋是否会经常勾起或者抚慰她的乡愁？

□ 闯荡多年，大家都深谙在外漂泊的痛楚。

"人必须真的得先做梦啊，没有梦，老天爷怎么知道你想干什么，你要去哪儿？"

那时，林洁平均一年要接待一万多名来自中国的游客，穿行在威尼斯的大街小巷。在圣马可广场的显著位置，人们可以看到韩国产品的巨幅广告。

在无数店铺中，中国商人的特点往往也会让人一目了然：店里总能被塞得满满当当。商品也许不够精致，但是经营者会用拼命工作来令自己站稳脚跟。

福建店主老陈倾吐出满肚子的"苦水"：

"起码有一两百家中国人开的店。这个租金一个月4200块欧元，这个哪有利润。在这边就是搏一博了，都是这样，不然就没有。我在意大利都十几年了。什么都做了，什么有机会就做了，中国人都是小打小闹，都是这样的。现在我家里人全部撤回中国了，就我留在这里。"

老陈和另外几个同样来做生意的中国人都深谙在外漂泊的痛楚，大家都认为祖国才是最终的归宿：

"想要回家也回不去，6年才回去1次。我们中国人不管是在哪里，最终还是回中国。"

浓重的圣诞气氛回荡在火车站里。夜色中，人们加快回家的脚步。在意大利，或者说在全世界各地，交通方便，房价便宜的边缘地带，也是中国人喜欢聚居的地区。很多华人在这里演绎着中国式的生活。

他们以开理发馆、小卖部为营生。现在名叫克莉丝蒂娜的中国女孩马上要回国过年，内心五味杂陈，说着说着，声音哽咽起来，眼圈满含泪水：

“我下礼拜回国了，回中国了，我要回中国结婚了。我计划就是跟我老公结了婚，然后从中国出来再存点钱来这边，办点小事业，再攒点钱老了就回家退休了。根在中国呀……这边就像工作职场一样，你工作的地方。家是让你觉得安心的，是可以不干活的，这里是不允许你不干活的。离家久了就会想回家了，累了。过年了，该回家了。我叫克莉丝蒂娜，意大利名字。”

圣诞之后，离中国人的春节也很近了。

在 Dolo 小镇的中心，是一块墓地。总会有人来这里和自己故去的亲人小聚，但是林洁始终不愿意踏进墓地的大门，死者可以在这里尘埃落定，但她找不到叶落归根的感觉：

“还是中国人那种传统观念，我得离墓地稍微远一点。花啊，进出的人啊。有什么高兴的、烦恼的，这些事情回来和亲人说两句。

有好几个意大利人问过，从来没见过墓地里有中国人的墓。没问之前我还真没有考虑过，一问突然想起来了，那就是中国人的落叶归根了，回到自己的家。死也死在自己的家。

我在梦里梦到多少次，就在梦里感觉到很难过。找不到了，回不去了，醒来之后还记得那个样子。所以没有根的感觉之后你还落在哪里。”

在意大利，林洁有儿子和需要她的朋友。但是她始终会纠结：走得久了，根到底在哪里。

追访 · 林洁 /

Q 你的车头为什么放着虎头鞋?

A 那年是虎年吧，朋友来意大利时候送的，很喜欢，也许是带来好运的标志吧?

Q 你觉得要做一个成功的“女商人”，她应该具备什么素质?

A 没想过要成功啥，也不喜欢“女商人”这个词，因为我本身不是“女商人”。真正的“女人”，也就是把“女活”先做好吧，既有传统意义上的“下得厨房”，也有现代意义上的“上得厅堂”，我想应该算是某种意义上的“成功女人”吧。

□ 林洁认为必须做“与自己的血脉相关”的生意。于是，她的旅行社把更多的中国人带到了全世界。

5

法国邮轮“奥斯特”（L’Austral）号上的100多名乘客全部来自中国。邮轮穿行在德雷克海峡，这趟行程的终点是南极。

2014年，登陆南极的中国旅行者人数超过3000人，攀升到世界第三位，令人熟悉的“中国速度”再次彰显。

在船上的3个不同的团队正在召开会议，法方的邮轮船务人员，多国精英组成的探险团队，以及来自中国的极地旅游运营者坐在一起，欢声笑语，互通有无。他们是保障这份尖端的南极旅游产品的基本配备。

中国游客人数之多让法国船长有点惊讶：

“我有个问题，中国很大，他们都来自中国一个地方吗？”

中方领队刘晖告诉他：

“来自全国各地。”

探险队长汉娜附和道：

“这对我来说太棒了。”

刘晖向外国的这些伙伴们介绍：

“我们的志愿者可以进行翻译和照顾乘客的工作。”

法国船长向中方人员请教与中国人打招呼的方式：

“我是法国人，喜欢这样握手可以吗？没问题？”

刘晖给他的回答是：

“是的，没问题。”

汉娜打趣他：

“习惯接吻也可以。”

参会的人都笑了。

刘晖还额外教老外如何双手合一，说“新年快乐”。虽然是第一次共事，但经验丰富的专业运作者在细节沟通上并无障碍。

当大多数人仍然把南极定义为遥不可及的梦想之地时，商业运作者却早已预见到南极旅游作为全球顶级旅行产品炙手可热的未来。从2011年开始，中国的探险旅行公司也悄然闯入这个一直被少数经营者垄断的市场。

国际南极旅游组织协会（IAATO）2014—2015 年数据显示，中国年度赴南极游客人数为 3042 人，仅次于美国、澳大利亚和英国，是南极第四大客源国。这一数字是 2011—2012 年度的 4 倍，2012—2013 年度的 1.5 倍。而胡润百富《2015 奢华旅游白皮书》显示：南极在中国富豪阶层中的热度上升，成为高端客群印象最深刻的目的地。

携程旗下顶级旅游品牌鸿鹄逸游（HHtravel）发布《2015 中国人南极高端旅游报告》，报告显示：南极旅游的主力人群为以资产在千万以上的富裕阶层为主，近 8 成高端游客偏爱舒适度较高的高端南极路线，他们在南极停留的平均天数为 7.6 天。

刘晖的一句话能道出南极之行的魅力所在：

“在这条水道的最南端，两边悬崖的间距只有 200 米。”

从北京出发，向南跨越半个地球。前方就是世界的尽头。

但是，去南极，对于这趟旅行的运营者或是消费者来说，都不是一件简单的事。

为了保护南极敏感的生态不受破坏，20 年前，国际上就制定了严苛的旅行公约。所以，在登岸前，刘晖通过船内广播提醒每一个旅行者：

“请您携带自己要登陆的物品到第三层休息室，用真空吸尘器进行完整的清理，以保证我们不会带任何外来的生物和种子到南极大陆，不会污染这片南极的净土。九点半即在四层将举行国际南极旅行联盟简报。每位队员都必须参加。否则您将没有资格去登陆。”

把大家集中在一起后，刘晖仍然在就一些要点耐心地给大家讲解：

“整个南极地区被一个很特殊的《南极条约》以及后缀的条约来约束的。每次登陆和回船的时候，要求大家清洗登陆靴以及我们三脚架和登山杖的末端。”

《公约》的要求细化到诸如登岛的人数和该与企鹅保持的距离。刘晖让工作人员扮演一只企鹅，叮嘱大家：

“现在奥巴萨代表一只企鹅。大家拿着相机进行拍照。所以大家一定要保持这样的距离。带走最好的记忆和照片，但是其他的东西不要从南极带走。”

今天，财富的迅猛增长助推着中国人从容迈开脚步，去感受世界另外的部分。人们希望在全新的环境里重新认识自己。不管是小学生，还是老人家，南极都是他们的“新大陆”，第一次登临，大家都对眼前的这片天地和这次难忘的旅行持有不同的感受和理解：

□ 商业运作者把“南极线”打造成了全球顶级旅行产品，也让更多人的步履延伸到了更远的天地。

国际南极旅游组织协会成立于 1991 年，下属有 120 个成员，除了《南极条约》的签署国外，还包括了 53 个旅游组织机构，其中，就有不少邮轮公司。

这个组织的主要目标，是把旅游对南极环境的影响降到最低。南极共有 204 个邮轮登陆点，每一个登陆点在一定时间内只允许一艘船前往（这个要求，比阿拉斯加的冰河湾国家公园更严苛）。因此，所有南极邮轮航线，都是由 IAATO 提前统一安排的。

"就是特别兴奋。晚上睡觉都睡不着。"

"这是企鹅的天下，不是我们的天下。"

"地球是我们的天下……"

"你不能挣了钱都买房吧，哪都没去，就一个房子搁在那里有什么用呢？趁自己还能跑，有思想有体力，赶紧吧。能跑多远走多远。"

200 年前，人类开始向地球的最南端进发。那些探险承载了当时人们全部的激情和想象。作为定期带着不同的客人来到这里的探险队长，汉娜仍然把每一次都当成"第一次"：

"对我而言，每一次来这里的激动和美妙，都和第一次到来时一样。我一次次被震惊。这种感受真的非同寻常。"

中方副领队马子驭的注意力更多集中在科研上：

"当我不再翻译那些讲座，或者不再组织队员忙我的领队事务的时候，我就会抽时间在我的船舱外面去看、去记。有的是我们航行的经纬度，这是看到了 3 只信天翁；那天我们在天堂湾停泊的时候不是有一艘小帆船吗？我就把船型大概画了一下，又是帆船又是开着桅杆，可以想象上面一定晃得很厉害。不过当时的人就是坐着这样的船去探索世界，我觉得挺有意思的。"

中国的春节将近，船上的外国人用笔记本电脑播放《新春序曲》，大家用中文举杯同贺：

"新年快乐，新年快乐，干杯！"

此时，这艘船上的主角是中国人。

对利益的追逐驱动人们漂洋过海，但生意只是开始，却并不是终点。生活里总还有其他的一些部分，提醒我们追问自己：远行的目的是什么。

人们相聚在遥远的南极。在某种意义上，为中国人的这个时代留下了一个特殊标注。

《南极条约》于1959年12月1日由阿根廷、澳大利亚、比利时、智利、法国、日本、新西兰、挪威、南非联邦、苏联、英国和美国建立，承认南极洲永远继续专用于和平目的和不成为国际纠纷的场所或对象，是符合全人类的利益的；确认在南极洲进行科学调查方面的国际合作对科学知识有重大的贡献；旨在约束各国在南极洲这块地球上唯一一块没有常住人口的大陆上的活动，确保各国对南极洲的尊重。

该条约中规定，南极洲是指南纬60° 以南的所有地区。

《条约》的主要内容是：南极洲仅用于和平目的，促进在南极洲地区进行科学考察的自由，促进科学考察中的国际合作，禁止在南极地区进行一切具有军事性质的活动及核爆炸和处理放射物，冻结目前领土所有权的主张，促进国际在科学方面的合作。

1957年《南极公约》的诞生，冻结了这块大陆上关于领土的纷争。让南极重新回归到自由的无主之地，这是人类用理性文明遏制贪婪的一次胜利。

这次旅行，对于大多数人来说，必将终生难忘。

它增加了花甲老人的生命厚度：

“没来的时候，向往一生。来了以后，可以回忆一生。”

它也开启了年轻人的新旅程：

“这是儿子今年刚大学毕业，给他的一份毕业礼物。同时给他画个句号，让他走自己的人生道路了。”

□ 在南极拍摄。

我导·我说

与全世界做生意

A BIZ DATE WITH THE WORLD

结束《与全世界做生意》已有2年多，走过千山万水，周折于不同的国度和人物故事之间，再深的印迹都存在消磨的可能。庆幸当日，无论多忙，都习惯于在繁忙紧张的工作之余，随手留下一些心迹，或许看上去潦草、不成体系，但在今日重阅时，它们像提示器，帮助自己一点点复刻记忆。

2013年4月3日

昨天见了李晨蕾。她说我已经不像前几次见面时那么从容了。估计我的焦虑造成了表达逻辑上的混乱，让她也感受到了。但这是事实，随着调研的深入，深度的焦虑和不可控感愈加强烈，这种情绪如果不加以疏导的话，后果是可怕的。

晨蕾还在建议我到各种论坛上去见各种人，我说挺抗拒，她说这样不对，我对蒙古的了解太少，如果只停留在她的文章太过片面。她说得有道理，但我的问题是，蒙古对我来说只有8分钟，这8分钟到底能呈现出什么——它一定是“片面的”。

不光是蒙古，我的任何一个拍摄意向，都需要去深入了解，需要去形成自己全面的认知，呈现出来的内容才不会轻飘飘的、流于表面。但是，即便是那样，它也注定是我个人的“片面”表达。何况，随着了解的深入，你会愈发感受自己的无知，当“无畏”的状态已经过去的时候，面对自己的“无知”，就只剩下越来越大的压力了。

时间，也许只有时间可以弥补和解决问题。但是，时间有限。

我到底要关注什么？忘了最初的冲动和感受了吗？应该要想起来。

是对“人”的关注，对吗？如果说全新的领域、国度和文化是一时难以逾越的鸿沟，那么只有对“人性”的敏感才是一条捷径或者说正确的路径吧！

李晨蕾的对于蒙古的期许还在加入，她提到了中国政府为什么那么急切地想要涉足奥云陶勒盖的铜矿开采，因为那是世界级的矿脉，是能主导未来全球矿业的重要部分，那意味着未来的话语权和操控权。而对蒙古来说，奥云陶勒盖的铜是自己未来经济的命脉，它怎么愿意让中国扼住自己的命脉？

可戏剧化的是，蒙古再不情愿，无奈它自身的电力体系却没有能力承担这样的开采强度，于是，中国的“内蒙古电力”借由这个契机艰难地介入这块未来之地，而蒙古也怀着复杂的心情让中国撕开一条口子。于是，我深刻理解晨蕾所说的："蒙古要发展，不可逃离中国的支持。"

很震撼，发人深省，这些基于商业和政治层面的深层次的考量，都将成为我那"8分钟"的强有力的背景和判断的依托。

但是，我仍然要提醒自己：站在影像记录的立场上，坚持自己的感觉，非常重要。

2013年9月6日

拍完蒙古之后，又一次深深地感到：文字表达和画面表达，一篇文章和一部影像作品，无论是叙事、节奏，还是内容选取上，完全都是两码事。

当文字的"天马行空""我感觉""我认为""我揣摩"……需要用镜头来检验的时候，往往就抓瞎了。所以必须自信：你是一个好的纪录片导演，同时也能适当驾驭文字！

问问蒙古的那些中国人："你和蒙古人同在一起吃饭吗？""叫得出他们的名字吗？""同乘过一辆车吗？"……这些生活细节就是文化层面上的接触与融入。

文化隔阂，看起来很大，实际上确实很大。

2013年10月22日

林洁的人生不是那一类苦哈哈的"温州人在意大利忍辱负重"的故事。

1991年，林洁到达匈牙利的布达佩斯，她形容自己"像上山下乡的知青"。

1994年，林洁到达意大利，嫁给意大利人，水到渠成地接触起了旅游的生意。

1997年，借由威尼斯的玻璃工厂，开始了自己的导游"地陪"工作，开始接待参观团，大多是中国的"领导团"。意大利的导游是个体行为，并不存在特别高的门槛。

2005年，林洁在中国和意大利分别成立了旅行社。生意对象说白了还是国内的"高级人士"。她把全部精力放在了上面。

四五年之后，林洁的"累"已经变成一种惯性了。"一个人待着的时候自己会不知为什么掉眼泪。”这种感觉持续了半年多。

林洁的老公是个很传统的意大利人，希望老婆有个固定的工作，过着朝九晚五的生活。虽然在中国，林洁这样的女强人也许是个常态，但是在意大利，这很难让人理解，甚至是自己的爱人也未必会坦然接受。

在孩子的教育上，林洁也带着中国人的典型特点。

“下午不上课是对时间的浪费。我给老大报了4个补习班，给老二报了2个。”林洁的丈夫会说：“你要累死孩子呀？”

拐点是2011年的冰岛火山爆发。那次事件造成了全欧洲的航空瘫痪。林洁的200多中国客人被困在米兰的家具展上回不了国。儿子说：“妈妈你把电话关上，我不愿意听你的电话响。”

24小时开机的她几乎崩溃，每天要接100多个处理各种突发状况的电话。这是一个爆发点。林洁最终选择关闭了意大利的旅行社。可能也是在生活和工作之间做了一个权衡，放弃掉一些不舍。

林洁从一开始就强调，自己绝对不是什么成功人士，不是女强人，也不想当女强人。因为代价太高。如今，她说生活和工作基本平衡了。一半时间在中国，为事业；一半时间在意大利，为生活，在意大利有小儿子，还有需要她的朋友。今天的林洁可以坐在“主心骨”的位置上，放开手，让下属做大多数的事情了。

林洁提到了最关键的问题：她的生意就是依托在与人打交道的基础上的。怎么和人交流、沟通，是林洁旅行社生意的关键也是根本。“我太了解中国人和欧洲人不同在哪儿了，而自己努力缩短和沟通的也就是这部分差距”。

放下日记，我还想起带着客人前往南极的刘晖告诉我的，那些选择去极地旅游的商人，他们都是贴着同一类标签的人，“人生规划极明确，勇于反思挑战自我”。日后，这些有共同极地经历的人，会自发形成一个认同的圈子，那也是他们未来生意中有意识无意识求得认同的“人情圈子”。刘辉说，他能感觉到不同商人身上“质的轻重”，那是一种特质。在刘晖眼里，“物质”和“精神”层面的追求似乎是可以调和、不矛盾的。当我问他觉得自己是不是商人的时候，这个正在和一大群生意人做生意的人明确表达：“很清醒地意识到那是商业行为”，但是“自己不是商人。”

第二集导演　马羽洁

广袤无人的蒙古草原上，一切都变小了。

一次旅行即将结束，
可人生的旅程也许刚刚开启。

›››

面对自己内心的“极点”，
有些人在徘徊，有些人已经迈开脚步。

›››

不同的人，起点不同，方向不同，
但一直都在路上：

›››

“美国这件事真要干完了，又干成功了，
该去哪了？该去非洲了。”
“欢迎来意大利。”
“欢迎来到不可思议的国度。”

›››

世界我来了。
一切才刚刚开始。
去远方，准备好出发了吗？

第二集

第三集

买卖不死

它们是古老的买卖。历经千百年，依旧活在今天。
世界总是在变，却也有一些亘古不变的法则。
传承之路并不平坦，但总有不死的中国人，背负着各自的使命，一路向前。

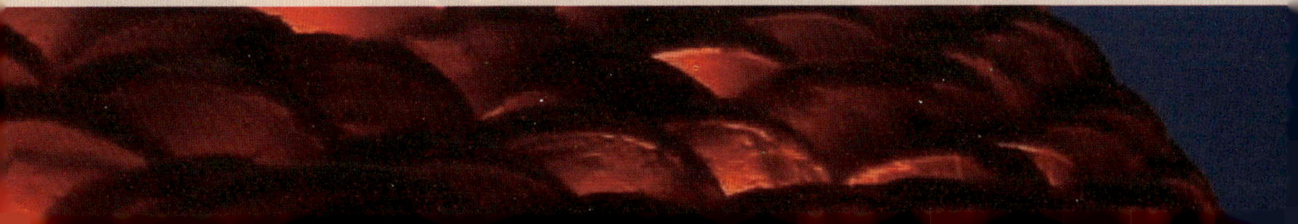

新疆伊犁位于中国和哈萨克斯坦的交界处。在这块神奇的土地上，互通有无的边境贸易，已延续了千年。

哈萨克斯坦到中国的一日游客车，每天上午 10 点 30 分到达霍尔果斯口岸。车上的人并不是普通的观光客，他们几乎每天都来。没有人的手是空的。大家手里总是满满当当，要么是形形色色的各种货物，要么是花花绿绿的各国货币。手里越是满的，幸福的滋味就越浓厚。

互市楼就在海关对面，带进来的货物可以很快出手。出货不过是前奏，互市大楼旁的小平房才是重点，中国人会在这里，为哈萨克斯坦来的人准备带回去的东西。物流商别克太熟悉不过这里的繁忙了：

“一天这栋房子里面就可以出去七八吨货物。鞋子、汽车配件什么都有，只要人能拎得动的、能拎走的东西都有。”

货已经备好，就等快递员上门了。

常年穿行中哈两国边境，哈萨克斯坦的背包客阿依古丽会一点汉语，她对着中国的小伙伴热情地张开怀抱：

“你好，我想你。有没有货？”

来自中国各地的货物，就靠“一日游”的背包客们一件件背过去，口岸的人管他们叫“驼队”。“驼队”每人可以带大约 30 公斤货物进入哈萨克斯坦。尽管要担负一定的入关费，但依然有利可图。阿依古丽对中国的货物赞不绝口：

“你们中国货的质量特别好，我们很多东西都从中国买，比如办理婚礼的用品，都从这里买。”

经由这支现代“驼队”，货物到达收货方的时间只需要 1 天。这里的平房外面总是车水马龙，墙壁上写满了商人们随手记下的各种数字，别克们也在一大堆的账本、货币、电话中忙得不亦乐乎：

“行，行，那我们还是按照原来的价格出。今天到了可能 15 吨左右，三四天之内就出掉了。”

霍尔果斯隶属于新疆伊犁州，是古代丝绸之路新北道上的重要驿站。

1500 年前，一批批商旅驼队满载中国的丝绸和瓷器，从长安至敦煌，沿西北方向，途经霍尔果斯，抵达中亚的哈萨克斯坦，最远到达欧亚交界处的伊斯坦布尔。千年不息的商品流转，也带动了不同文化的碰撞与融合。自古以来，贸易就是连通霍尔果斯口岸位于伊犁哈萨克自治州霍尔果斯市境内，地处东经 80° 29′，北纬 44° 14′。从地图上可以清楚地看到，中国与哈萨克斯坦的边界以蜿蜒的霍尔果斯河为界，霍尔果斯口岸因其而得名。霍尔果斯口岸于 1983 年 11 月 16 日，经国务院批准恢复对哈萨克斯坦国和第三国开放。1992 年 8 月，中哈两国政府同意该口岸向第三国开放，具有国际联运地位。现在已取消向第三国开放，只对哈萨克斯坦开放。

霍尔果斯口岸的历史十分悠久，远在隋唐时，便是古代丝绸之路新北道上的重要驿站。新中国成立后，霍尔果斯口岸以其优越的地理位置，成为中苏贸易的西部最大口岸。1983 年，国际形势好转起来，中国也迎来了改革开放的热潮，自此，沉寂了近 20 年的霍尔果斯口岸又恢复了生机。在改革开放春风的吹拂下，近年来，通过霍尔果斯口岸进出口的商品种类和数量急剧增加，口岸年进出境人数、过货量逐年增加。

霍尔果斯口岸是中国西部历史最长、综合运量最大、自然环境最好、功能最为齐全的国家一类陆路公路口岸。霍尔果斯口岸是新疆与中亚各国通商的重要口岸，霍尔果斯口岸是新疆对外开放的一个重要窗口，与南疆中巴边境的红其拉甫口岸和北疆阿拉山口口岸同为新疆目前向第三国开放的 3 个口岸之一。

中国与世界的桥梁。

在伊犁果子沟高架桥上，去往霍尔果斯的货车占了一半以上。坐在车里的，几乎全是奔波于商旅的生意人，物流商沙哈提就是其中之一，他的血管里保留着本民族对于流动的坚持和热爱：

“我们哈萨克族是一个游牧民族，一年四季都把蒙古包拆下来，到这儿，到那儿，流动的样子。所以我现在搞这个物流也算是一种巧合，我也搞流动的这种，（货物）从国内弄到口岸，再弄到国外。”

沙哈提的祖辈们可能怎么都无法预料，他们的儿孙在发达的 21 世纪，开着汽车，像他们当年骑着马儿一样，在各种生意场合之间“转场”。一样地为了生存而四处游移，只不过，新一代的哈萨克人创造着越来越多的财富。

连接乌鲁木齐到霍尔果斯的果子沟高架桥，彻底改变了运输的速度，激励着中国内陆走向世界的热情。

霍尔果斯的晨曦中，已经有风尘仆仆的“客人”签到。没有负载物的车辆，本身就是商品，在哈萨克斯坦有巨大的需求。在国际货场，每天都有数十万吨的货物在此装车。

油桃是霍尔果斯出口量最大的水果，持续整个夏季。但对中亚各国来说，比水果更匮乏的是日用百货。

哈萨克族是世界上著名的游牧民族之一，他们勇敢强悍，能歌善舞、骑术高超，现仍然保持着原始的生活方式。每年 10 月，哈萨克人浩浩荡荡地从海拔较高的夏季牧场向秋季牧场迁徙，并最终到达百公里外的越冬地，像他们这样的传统转场生活已经延续了近 3000 年。古代汉文史书就曾形象地把游牧民族政权称为“行国”，其立国之本就是逐水草、游牧、养畜。游牧文明在旁观者的眼里不过是一种生活方式，一种习惯，而且相当原始。但是，在亚欧大陆上，正是这样的游牧者与农耕人抗衡达 30 多个世纪，谱写了这一地区民族的几乎整个历史。

转场，对哈萨克牧民来说，是生活中最普通的事。哈萨克牧场有春秋牧场、冬牧场和夏牧场 3 种，分别设置在天山北坡、向北经准噶尔盆地直到阿尔泰山的广袤山地草原和戈壁草滩地区。根据季节变化，哈萨克牧民一般以阿吾勒为单位，每年进行 4 次大的转场，而在各季根据牧业生产需要，小规模的搬迁则更频繁。牧场的迁移和牧业生产的安排相呼应。春秋牧场一般位于浅山、荒漠和半荒漠地区。春有雨水，秋有泉水，供人畜饮用。除便于放牧，对春季接羔育幼，秋季牲畜配种，以及剪毛等牧业活动都很有利。冬牧场一般位于山涧沟谷、河湾、沙丘，可避风雪地带，气候较为暖和，以保证牲畜安全越冬。夏牧场则位于凉爽湿润的山地，雨水充沛，牧草丰盛，有利于牲畜育肥。牧民可利用夏季美好的时光制毡、加工奶制品、举办婚礼、庆典和集会。人们无不为之慨然：世上走路最多的是哈萨克人，世上搬家最勤的是哈萨克人，哈萨克人的历史在迁徙中谱写，哈萨克人的家在飘游中诞生。

为了让来自不同地方的搬运工提起精神，沙哈提正努力学习他们的家乡话，拉近跟他们的距离，向他们展开精神喊话：

“装完发钱。吃肉喝酒。吃白肉喝白酒、快，抓紧时间。中吗？中不中？！”

可能是每个人都期待着更大的收益，他的鼓励果然得到了众人的回应：

“中！”

货物以各种方式在边境流动。欧亚大陆桥沿线，跨越国界的贸易往来，沿着铁轨伸向远方。

喧嚣了一上午的小平房安静下来。海拉提和别克一边喝着啤酒，一边聊起了他们的梦想以及生意以外的东西：

“我过来的时候，霍尔果斯没有楼房。”

“这房价，现在太高了。”

“2005 年的时候，700 元一平方米。现在，3000 多元一平方米了。”

“那个时候买就好了。”

"嗯。我那个时候也没买。"

"10 年以后，我们两个做中国物流的老大。"

别克一天只做 3 小时生意，剩下的时间只有一件事：等。当然，等待的滋味从来不会特别好受，哪怕等待时玩着桌球，别克也不会特别感到尽兴：

"我们会想，货能不能安全到对方的库房，比如说一些背包客会无意中弄丢，那个货物值好几万，我们就要陪。反正挺担心的。"

对沙哈提来说，真正要操心的，是货物入境后的通关手续。为此，他几乎每个月就要去一趟哈萨克斯坦。每次临行前，他都会往行李箱中装上西服，甚至会带上香水……的确，他在与外国人打交道的过程中慢慢学习着现代社会及生意场上的一些"规则"：

"他们在什么场合穿什么衣服都非常有讲究。你跟别人谈生意，必须是西装革履，衬衣裤子都是熨斗熨好，鞋子一定要擦亮，显示你对别人的尊重。"

沙哈提出生在那拉提大草原，至今，他和家人的用餐方式，还保留着游牧民族的习俗。一家人吃着手抓羊肉，分外喷香。但是，外面的世界让他领教了别样的味道：

"哈族人一直都是个马背上的民族，到农村定居才 30 年的历史，定居以后才知道什么是市场，才知道什么是做生意。"

经济全球化的今天，商业正以空前的速度渗透到每一个角落。在中国绵长的国境线上，无数个边贸市镇，正以传统而又崭新的方式迎接每一个日夜。

霍尔果斯夜市是哈萨克斯坦司机们最放松的地方。但别克的夜宵并不轻松，他们始终没有等到货物平安到达的消息，他们不停地拿起手机看看，放下去，然后又拿起来，面前小餐桌上的啤酒和烤串在嘴里也索然无味。他们只好以酒解愁：

"祝我们好运！"

深夜，有些微醺的别克回到家中。他却操持起了另一个行当：

"Hello，亲爱的朋友们，大家晚上好。守候在电话机的这一头，依然是你的老朋友别克。"

别克在家中创办了一个微信电台，拥有大约 50 名听众。他像模像样地，模仿电台主持人的腔调，对着他的"听众"播音：

"说出你的故事，聊出我们的人生，让我们一起感受电台的魅力。"

"在这一时刻，一个紧张忙碌的商人，变成了畅聊人生的电台主持。这样的夜晚，别克用乐趣所在帮助自己度过了煎熬。不知道他的听众们是不是跟他一样，在无边的寂寞夜色中，苦守着创富的梦想。

3 小时后，有 230 多年历史的拜图拉清真寺开始最早一班祷告，就连清真寺的门楣上都装上了电子滚动屏，提示信徒们一些重要的信息。变动的世界里，人们依靠不变的秩序，铺排各自的生活。

虽然还有很多哈萨克族的特色，但跟“转场”于各处草原的父辈不同，沙哈提已经是个不折不扣的商人。

追访·沙哈提 ／

Q 你现在做生意，跟你们的父辈转场比，有什么不同？

A 父母转场，主要受到恶劣天气和运输牲畜不足等情况的影响。因此，他们努力掌握天文观测知识。运输牲畜前要休养生息，自己没有或不足的就向亲戚朋友借用。

我现在做生意，则努力学习工商管理方面的知识，还要实地考察市场行情。学习外语，还要搞好和有关部门的关系。有时，还得靠自己的判断能力，等等。

如果出现资金不足，我们也是借用，还有贷款，或采取合伙、融资等手段。总而言之，我觉得，我的父辈们主要倾向体力劳动，而我们是脑力劳动。

Q 从生意当中，你学到了什么？

A 在生意当中我学到了为人处世。最主要是讲信用，以及坚持不懈的努力。在这个过程中，让自己一点一点进步。

2

江苏泰州位于中国的东部、长江下游，是一个古朴的江南老城。700 年前，马可波罗在游记中这样描述泰州：

“这个城不大，但尘世间的幸福极多。”

被泰州人称作“皮包水”的早茶，就算得上“尘世间的幸福”的代表，它象征着安逸、宁静、惬意。木雕技师徐志明是早茶馆里的常客，可某天的早茶格局非同寻常——徐志明点了一大堆吃食，他的食量之大甚至都引来旁边食客的好奇：

“你怎么这么能吃？”

只有徐志明自己知道，这是告别肉食前的一顿狂欢：

“我们在雕佛像之前，好好吃一顿，然后在制造的过程当中就吃素了。”

徐志明是泰州老字号木雕的手艺人。他所在的工坊接到日本订单，要求雕刻者在工期不沾酒肉，如此虔诚才能使所雕的佛像一尘不染。

徐志明刚开始有点不能接受：

“那个完全是形式主义，没有用。”

但为工坊着想，热爱美食的徐志明还是接受了这一条款。

明清时的泰州，盐业发达，百姓富足，商业和实用主义催生出种种满足百姓日用的行当。今天，大多数民间手工已走向衰微，其中少数，仅仅作为历史文化的展示得以留存。真正靠着市场活下来的，极其有限。

每天清早，上香是帅春燕的头等大事。他希望，好不容易传到今天的家业能得到各路神灵的庇佑。

1813 年，他的祖上开创了属于自己的字号“世泽木雕”。当时的泰州宗教兴盛，也是帅家最兴旺的时期。等传到第五代帅春燕，却几乎到了最低谷，对此，他深感不安：

“我学雕刻的时候，实际上就是雕刻最没生意的时候。爷爷的弟弟，80 多岁了，他说我干了一辈子了，勉强糊口，你现在学这个东西干吗？没出息。但是，我们家祖传就是雕刻，现在不学的话就没有机会了，没人传了。”

艰难维系了几十年后，帅春燕等到了峰回路转的机缘。

现代人的生活繁荣而又脆弱，寺庙里热闹起来，寄托精神的佛像成为可观的市场需求。时下流行的复古风尚，让手工制作成为新宠。

帅家的工坊恢复了人气。不同以往的是，师傅们的刻刀，需要塑造出不同国家的不同佛像。这就迫使师傅们手里的刻刀，要根据客户们所在国家的文化，走出不一样的形迹：

“日本佛像穿得少，体现它的肌肉。我还是喜欢我们中国的佛像，它比较含蓄一点。”

“印度佛像，上面的发髻，高高的，还有腰那个地方，太细了。嘴唇一点笑容也没有，不像我们中国的菩萨，都慈善得很。”

手艺人只需要面对自己，帅春燕要面对的，却远没有那么简单。做事以认真闻名于世的日本客商根据她自己的标准，仔细地给帅春燕指出作品的不足：

“如果没这个木纹，就会真的很漂亮。这里，就是这里。不要这种，打磨太光滑了，要能看得见一刀刀的刀痕，这才显出是纯手工制作。”

这让帅春燕有点恼火：

“开始我们认为她过分挑剔。心里很恼火，就压制这个火，然后面上还客客气气的。”

不同于普通商品，佛像交付当天，要举行隆重的迎佛仪式，这个风俗在泰州已经有500多年历史。不管佛像要去哪里，都一样操办。人们穿着大红的缎面的古装，敲锣打鼓，抬着佛像真身穿行于街道，引来众人临街侧目观看。

为日本定制的这尊大佛，是工坊当年的第五笔海外订单。只要有市场，手艺和生意就都能延续下去。

帅春燕接到的海外订单大多来自东南亚。即便有相似的文化背景，诉求却可能千差万别。比如，一位韩国客户就提出想改变弥勒佛的形象。当帅春燕传达了韩国人的意愿时，徐志明大吃了一惊：

“像韩国人？！”

帅春燕耐心地说服他：

“你不搞，客户有这样的要求怎么办？”

徐志明没好气地呛了回去：

“那是你的事。”

帅春燕继续硬着头皮给他做工作：

“咱们做这个单子也不容易，他这个单子也挺大的，我们配合一下人家，你的误工方面，我补你工资，好不好？”

徐志明斩钉截铁地回绝他，手艺人内心里都有自己的坚持：

“再多的工资我也不做。没有这个做法！哪有弥勒佛像韩国人？”

20世纪 80 年代末，帅春燕所在地区的工艺美术厂因管理不善濒临倒闭，他将厂里技术好的师傅们集中起来，另起炉灶，注册“泰州世泽工艺美术社”，开始自主创业。然而，创业之路并不平坦。在创业之初，他便遭遇了人生的“滑铁卢”。一个往来多次的辽宁客户取得他满满的信任后，卷了 30 多万元订单货品逃之夭夭。30 多万对于创业初期的帅春燕来说是天文数字，工厂的流动资金链断了，还欠着工人的工资和原料商的材料款，帅春燕一时深陷窘境。没有退路，他暂时关闭工厂，远赴辽宁新宾县，走上了讨债之路，一路坎坷，一路艰辛，一晃 3 年，帅春燕依然没有欠债人的半点消息，却在辽宁教出了 300 多个弟子。这些孩子后来很多都成了大师傅，在各自家乡开起了木工厂，成了日后世泽木雕的加工分厂，还有人到南方工作，经常来拜访帅春燕。

1995 年，帅春燕夫妇带着积累下的资金回家再次创业，他们挨家挨户请回了当年厂里的老工匠，又招了一批新徒弟，成立泰州世泽工艺美术厂。这次，帅春燕有了经验，他说：“如果我还像以前那样出去找客户，是很难的，我要让客户主动来找我。”帅春燕开动脑筋，开始给全国各大寺庙及相关单位发信件，就这一招，就有客户打来电话，主动要求来厂考察合作。“第一步迈出去，局面就慢慢打开了。”帅春燕说，订单逐年在增加，厂里的效益很快好起来，不仅还清了债务和拖欠的工人工资，而且让一脉相传五代的“世泽”这块招牌又焕发出新的活力。

□ 徐志明有老手艺人的固执和坚守，而帅春燕却多了另一重身份：商人，这使得他不仅要尊重传统，更要迎接来自外界的挑战和谈判。妥协、磋商、让步、融合使得他更加游刃有余。

经过冷静思考，徐志明最终还是软了下来：

“我答应你，回头去见韩国老板就是。”

但韩国客商认为自己花了钱，寸土不让：

“这尊佛我已经花钱买了。你的想法是你的，但我花了钱，就应该照我想要的那样去做。手艺人要按我说的做！”

这种态度也彻底激怒了徐志明：

“作为我们手艺人是有底线的。我也跟他撂挑子，我说，按照你说的做，我做不了，所以我不做了。”

端午节，徐志明回到老家兴化。老街老巷，老邻居，旧时光……熟悉的一切令他感到安心。他跑到澡堂去放松，边享受服务，边和修脚师傅聊天：

“老师傅今年高寿？”

“85岁了。”

“你做这行多少年了？”

“68年。”

工坊里，帅春燕说服其他师傅，按照合约完成了韩国客户的大佛。

世界一直向前，生活从未停止。总有一些人要坚守，也总有一些人要顺应。

□ 泰州的师傅们用他们的木雕作品，传承着千年不死的技艺和买卖。

3

和顺镇位于腾冲县城西南 4 公里处，古名“阳温墩”，由于小河绕村而过，故改名“河顺”，后取“士和民顺”之意，雅化为今名，现称和顺镇。全镇人口 6000 多，而侨居海外的和顺人则达 12000 多人，是云南著名的侨乡。由于就在“官马大道”之旁，和顺以华侨出国历史长、侨属多，而成为著名的侨乡，全乡侨居国外的人口，为国内人口的 100.2%。加上侨眷，为国内人口的 167.6%。华侨分布在缅甸、印度、泰国、印尼、新加坡、日本、加拿大、美国等十多个国家。

和顺镇由于封闭、传统、安定的环境，完整保留着明清汉族文化的特色，被誉为中国古代建筑的活化石。这里曾是马帮重镇、古代“西南丝绸之路”的必经之地，各种外来文化在此交融，但除去这些光环，和顺镇仍保持着古朴的风格，不曾改变。

400 多年前，这里的村民就开始“走夷方”。由于和顺离缅甸才 70 公里，所以去那里做玉石生意的人最多，还有远走印度（此地离印度 400 公里）、美国、加拿大的，其中不乏成为巨富大贾的，他们衣锦还乡之后就在和顺修建宅院，也出资修建宗祠。全乡有 8 大宗祠，都风格各异。由于受外来文化的浸染，和顺的建筑多为中西合璧，风格有南亚的、东南亚的，宅院里还有不少西洋的工艺品和现代化用品。由于明代朱元璋的屯边制度，和顺又有许多从中原迁来的移民，安徽、江苏的都有，所以这里的民居还有徽派的建筑风格。

从一块平凡的石头，到价值连城的翡翠，支撑玉石交易长盛不衰的，或许正是人性中的冒险。

缅甸的曼德勒是一个奇妙的城市，僧侣与寺庙随处可见。平和的佛教气息下，各个角落都在上演惊心动魄的财富游戏。

石头来自缅北的帕敢，那里出产全世界最好的翡翠。包着皮壳的玉石毛料叫“蒙头个子”，买卖“蒙头个子”，被称作“赌石”。“赌石”是极富戏剧性的一幕：一夜暴富，或是倾家荡产，都有可能在玉石切割开的那一刻上演。

玉石商人马罗刚算是身经百战，见过了他所在的圈子里面的各种风云变幻：

“弯楼子”因楼房沿巷道的曲线修砌，所以和顺人形象地把它称为“弯楼子”。“弯楼子”民居为三进三房一照壁的庭院组合式建筑群，现被辟为“民居博物馆”。

“永茂和”商号是经商致富的代表，在腾冲商界有“东董西董弯楼子”之称誉。清道光年间，商号主人到缅甸经商谋生，逐渐发展成为跨国商号，总号设在缅甸曼德勒，国内在上海、拉萨、昆明、下关、保山、腾冲等地设有分号。

商号历经五代人，有100多年的辉煌历史。

“在玉石圈子里面，大起大落都是很正常的事情，没有一个人是天生的专家、常胜将军。老的口诀是十赌九输，实际上是100赌有95次输。凭着自己的主观臆想来解玉的话，你会败得一塌糊涂。”

马罗刚来自云南，世界上最早把翡翠做成生意的，就是他的先辈。地处西南边陲的腾冲，是古老的南丝绸之路在中国境内的最后一个驿站。

和顺是腾冲有名的侨乡。过去500年间，去异国谋生几乎是和顺男人必然的人生轨迹。

“洗衣亭”是远走他乡的人为留守女人们挡风遮雨所盖，已经有上百年。而留守的女人们在这里浆洗衣服和其他的日用品。男人和女人都用自己的方式向对方表达自己的爱。

某个老妇人回忆道：

“我出生还没满100天，父亲就去缅甸了。”

“发大财的人也有，少。不发财的也有。有些人死了，死在缅甸，多，这样的。”

去缅甸，和顺人叫做“走夷方”。这一去，就是大半生。

牵动人们前赴后继走夷方的，是缅甸的翡翠。很多人因此发迹。“弯楼子”是赫赫有名的商号“永茂和”的祖宅。庭院深深，散落着当年时髦的西洋钟等物件。如今，开创者早已不在，只有一个孤单的后人守着空寂的院落。

传奇的玉石之路依然活跃。马罗刚是翡翠世家的第七代，现如今，他坐着飞机往返于中缅之间，而在他祖父的年月，这趟旅程需要徒步穿越滇缅边境，最终能成功到达的人，不过十分之一。

但这只是冒险的开始。

缅甸第二大城市曼德勒，是历史上的末代皇城。这里有世界上最大的玉石市场，这是曼德勒人口密度最高的地方。

□或许是玉石蕴含的巨大商机，也或许是迫于生计，数百年来，一代代的腾冲“冒险家”沿着南丝绸之路“走夷方”，他们在家乡留下了“洗衣亭”“弯楼子”，也为开辟翡翠之路留下了可堪书写的人生故事。

曼德勒的玉石市场位于市区西南方，是缅甸国内规模最大的玉石市场，众多商人带着翡翠毛料和成品在此交易。市场玉石的交易如同菜市场买菜，所以也吸引着不少游客到这里看热闹，感受玉石王国的独特文化。虽然交通不便，但世界各地的翡翠商人仍不断云集于此，购买优质的翡翠。当地的商人往往是骑着几千块人民币的摩托车，做着几百万人民币的生意。

12 月是缅甸最好的季节，但白天气温仍然高达 30 度。人们甘愿忍受噪音和高温聚集在此，目的只有一个：翡翠。

整个地壳中，翡翠是储量最少的岩种之一，90% 以上出产在缅甸。缅甸人自身对此的兴趣远不如黄金。翡翠最大的消费群在中国。中国人爱玉已经有五千年，并衍生出了深厚的玉文化。

中缅两国的翡翠贸易，大约开始于 16 世纪。明清时代，中国禁海，入缅甸的唯一道路就是从腾冲出发，然后沿小路到达缅北的帕敢矿区。挖出的玉石用大象运下山，再由马帮运回腾冲。后来，不少人索性留了下来，守着生意的源头。交易市场里，华人就占去了一半。

马罗刚在熟人的摊位上暂时落脚。与别处不同，拥有固定摊位的是坐等的买家。

如今，上好质地的翡翠并不多见。进货之余，几位腾冲同乡邀马罗刚一聚，他们都是在帕敢矿区闯荡的过来人。玉石商人蒋恩悌深知做玉石生意的艰辛：

“开始做生意的时候，完全就是跟疟疾做斗争，全身发冷、冷得不得了，然后又发热。很多人死掉了，就这样。”

在缅甸，帕敢矿区长期被反政府武装控制，战事不断。玉石商人雷凤霄和蒋恩悌回忆起当年的场景，心有余悸：

“到了河边，就听见枪炮响了。老缅军、叛军，都打死在路上，相当害怕。”

“枪林弹雨，就这样子，还有地雷，还有随时出现的山兵，如果有一点不对，很多人就是被拉出去这样，就杀掉了。”

但腾冲人说，他们就是为玉而生的：

“不怕风险，不怕死，就是这样，这样闯出来的。”

从曼德勒往西走 20 多公里，就到了云南墓地。他们是为开辟翡翠之路而死去的冒险家，其中大多出自腾冲。

数百年来，不灭的愿望鼓动着千万人背井离乡，以生命为代价，换来了构筑腾冲深宅大院的财富，也书写了跌宕起伏的人生故事。

缅甸人阿古在市场上很有名，他在帕敢矿上开厂，手头货源不错。

经过多年的摸爬滚打，马罗刚已经成为玉石方面的专家：

“要看透这块神秘的石头，实际上，很难。有经验的人，大体可以有 30% 的成功的比例。对再聪明的人来说，这块玉都是一块难玩的魔方。”

他和阿古坐在摊位上谈价，双方怀揣着不同的目的，脸上的表情也大相径庭。

马罗刚用计算器按出了他能接受的价位，然后递给阿古看。阿古摇摇头，不同意：

“（你的出价）太低太低，差得太远。”

马罗刚极力想向对方争取一个“套餐价”：

“这个，这个，统统。”

阿古很精明，在计算器上按下他认可的一个数字，回递给马罗刚：

“这是一口价，不能再少了。”

马罗刚太知道玉石生意里的“水分”：

“缅甸这边基本上是漫天要价，价格都会叫出 10 倍甚至更高，成功与否，都得靠一双慧眼。”

双方最终达成一致，阿古点点头，起身与马罗刚握手，庆贺双方生意做成：

“祝你赚大钱！”

没有人知道，市场里正在酝酿多少悲喜剧。在这个市场上，到处都是兜售香烟等货品的小商小贩。商人们也热衷于从他们手中购买小鸟等活物，现场放生，为自己祈福。人人乐善好施，似乎谁都有可能成为明天的富翁，但马罗刚已经有了一种“千帆过尽”的心态：

“现在把这些东西看得很平淡了，就是一块石头而已，涨与不涨已经不是那么重要了。”

伊洛瓦底江是缅甸最大的河流，包括曼德勒在内，缅甸历史上各个王朝的都城，都沿这条河分布。哺育缅甸人的母亲河，也是中国玉石商人梦开始的地方。就在这条河上，他们把一船一船的石头从帕敢运往曼德勒，载着希望和梦想，从过去流淌到今天。

□要成为一个成功的玉石商人，需要眼光、心计、谈判甚至运气。

4

上午 7 点，上海的地铁已经人潮涌动。

出生于 1951 年的陈家宁每天坐地铁上下班。算上换乘，他在路上的时间接近一个半小时。对于一个花甲老人来说，这不是趟轻松的行程。而陈家宁选择地铁的唯一原因是：可以准时到店。

作为“W.W.Chan & Sons 的”第二代掌门人，对于时间准确的重要性，陈家宁比常人更加敏感：

“我们到香港的时候，跟老外做生意，约好的时间，他来的时候，你差一分钟他都不高兴。不迟到唯一的做法，就是早到。”

茂名南路是上海定制服装的集中地，陈家宁的店就在这条路的尽头。

60 多年前，他的父亲在香港创办了高级西服定制店。陈家宁 15 岁入行至今，全部的职业生涯都在裁缝店里度过。他的工作就是让每一块布料与客户独特的身体曲线相熨帖：

“衣服会按照您的身体曲线设计，达到很好的贴合效果。很好，很完美！”

陈风凡上班的时候，早高峰的人潮已经退去，和他父亲陈家宁几乎差了 2 个小时。他在父亲的店里担任造型顾问，但是他自认做这份工作和他的性格有几分冲突：

“裁缝是非常刻板的，如果差了半公分，心里面不自在，对于我来说，我是非常不拘小节的人，而且我也是一个日夜颠倒的人。”

店里的师傅和他们的老客户之间一边量身，一边会就定制衣服的效果展开讨论：

“他瘦了。”

“是的，他减肥了。”

“我减了 6 公斤。”

“他瘦了 6 公斤。给他改小，他瘦了很多。”

“上衣最后是比较修身还是笔直的效果？”

“修身的。”

“好的。”

“我最好保持这个体重，不要长胖了。”

定制与成衣的最大区别是量体裁衣。经由无数道线条和别针精准塑造的，是每个人

20世纪的旧上海，黄浦江边聚集了一批裁缝，他们自幼学徒，经过几十年的严苛训练，技艺炉火纯青，各方名流才俊无不以能穿一件他们制作的衣服为荣。因为这些人大多来自宁波的鄞州、奉化一带，上海人就称这些人为“奉帮裁缝”，因为吴语“奉”“红”同音，因此最后演变为“红帮裁缝”。

独一无二的版型。这个过程也是与客人建立信任的重要方式。

陈风凡开过冷饮店，也做过电台播音和广告策划。27岁之前，他刻意远离父亲，因为觉得父子间总有些不同：

“他（父亲）其实一直都希望我像他这样子，我的个性跟他是完全相反的，就像陆地生物跟海里面的生物一样。他们对我的期望可能也是很大，不过我有我自己的人生，我希望我经历自己的人生。”

上海和世界的亲密关系，始于100年前的租界时代。十里洋场追逐着国际潮流，定制西服蔚然成风，来自宁波的“红帮裁缝”更是家喻户晓的响亮招牌。陈家宁的父亲正是上海滩的一名红帮裁缝，解放前夕随客户南迁到香港。2002年，子承父业的陈家宁回到上海开了两家分店。

陈家宁的身上，流着“红帮裁缝”的血液：

“红帮裁缝的精神就是，客人去哪里，我们就跟去哪里，因为那里有市场。”

今天的上海显然有市场。这个城市的高度国际化，为陈家宁带来重要的海外客户。NBA高级副总裁乔治也是这里的常客，感受到了中国人所谓的“宾至如归”和他们娴熟的“拉拢”客户的技巧：

“在W.W.Chan的店，衣服都是针对我量体制作，完美地为我的体型而做。我走进来，他们像老朋友们一样跟你寒暄，为你量体裁衣，然后你穿着漂亮的衣服走出去。它会让你上瘾，你会不断地想再来这里，定制更多的服装。”

在店里，他一边接受师傅们的量体，一边与他们轻松愉快地调侃着：

“这件外套您穿上感觉舒服吗？”

“很舒服，我甚至都感觉不到自己穿了件外套。”

“乔治，您的身材可比上次我见到的要好！”

“哈哈，我一直坚持锻炼。”

“您都可以当模特了！”

“谢谢。”

回顾 宁波红帮裁缝风尘碌碌的历史，发人深思。它不仅填补了中国服装史上的空白，更成为一个宝贵的品牌形象。从文化分析的角度取精用宏，“红帮”是一个群体，是中国近现代服装的开拓者；“红帮”又是一种精神，它凝聚了宁波帮的创业精髓。

宁波红帮裁缝的贡献在中国服装史上是不可替代的。他们开创了中国服装史上的诸多第一——第一家西服店，第一套西服、中山装，第一部西服专著，第一家西服工艺学校；经历了“横滨港习艺、上海滩成名、沪宁线延伸、京津城引领、东三省跨越、大武汉创优、大西部倾情、东南亚拓展、港澳台溢彩、三江口奉献”的创业历程。

红帮裁缝精湛的技艺和高超的经营方法，是他们在市场上立于不败之地的法宝，尤其是他们强调的西服制作的“一对一”人性化服务，在工业流水线大批量成衣的今天，尚属凤毛麟角，分外可贵。这样精工细作做成的西服，实质上已超越了单纯服装的含义，而成为一种美轮美奂的手工艺品，不但具有实用价值，还具有欣赏和收藏价值。

一套西服的诞生，源自无数个细节。德国的针与剪，日本的粉笔和丝线，更重要的是每个人眼间手底的感觉，来自数十年的积攒。这是西服定制的灵魂，包含着现代成衣工业无法企及的个性和体贴。

陈家宁愉悦客户的同时，也让自己身心畅快：

“我们很坚持，裁缝对我们来讲是我们的职业，职业是一生的，我们投进去，师傅、工人，他一投进来，就准备付出他的一生。最开心的时候就是衣服做出来了，好像一个刚出生的孩子，要拿出去一样，把衣服穿给客人的那一刻，那个是最开心的。”

定制店还留有一处独立的空间：档案室。开店第一天起，来做衣服的每一个人，他们的身形尺寸、历次的服装纸样，都被精心保存着。陈家宁的店，预备为客人的一生而付出。

2007 年，陈风凡回到父亲的裁缝店，开始认真考虑未来：

“我流的血液是我父母的，那我就必须要进入我的使命里。从扫地开始做起，作为一个学徒、一个实习生去了解，最后就可以接待客户了，我其实是一个非常内向的人，我不喜欢和人交流。这个是最后的一个考验。”

陈风凡每天都在和自己交战。最能激励一个继承者的，或许就是那份经历岁月淘洗后的精神与情感。在接受父亲的“传、帮、带”的过程中，陈风凡逐渐体验到了“红帮裁缝”的精气神：

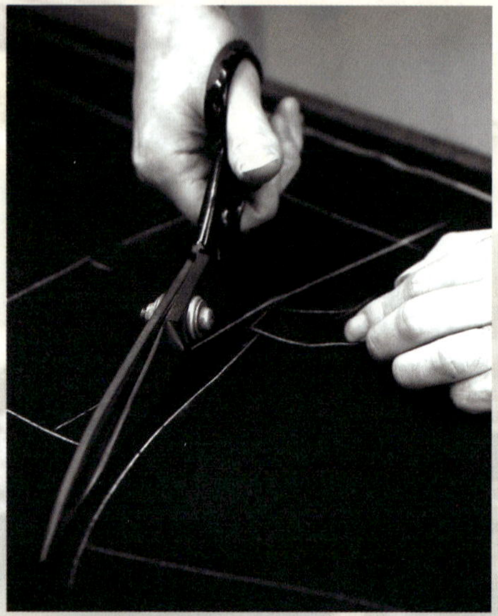

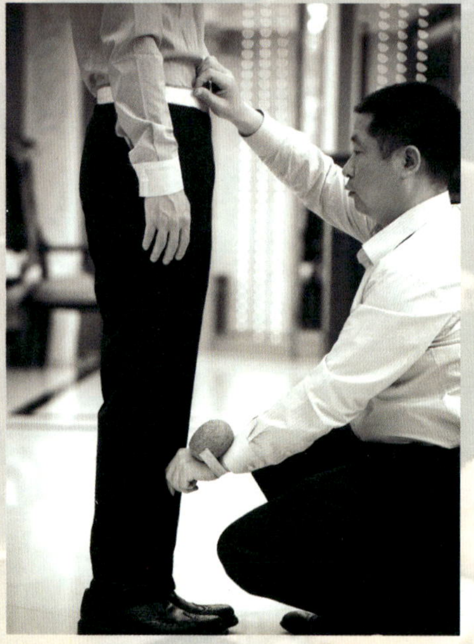

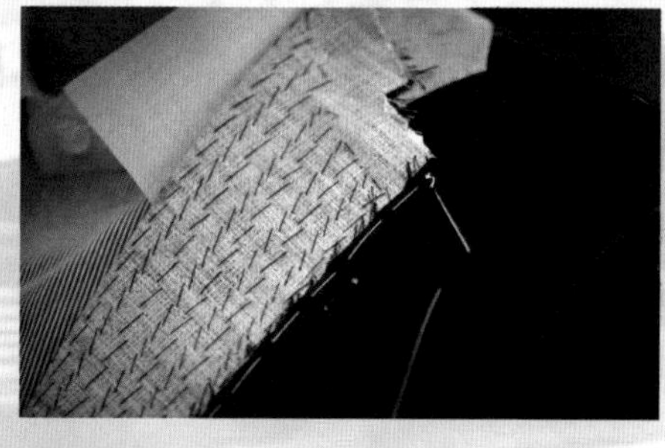

在 1 月份的某几分钟里，

我的右肩比左肩更向前弯似乎变成了最重要的事情。

这时我身在香港，

正在 W.W.Chan & Sons 的店中接受量身定制。

W.W.Chan & Sons 是香港硕果仅存的好裁缝店之一。

当我宣布我想定制一套西装的时候，

什么禽流感，股市崩溃，

似乎都不能阻止这些裁缝师傅们手中的皮尺如魔术般地在我身边起舞，

我突然处在了划粉、大头针、皮尺的狂风暴雨之中……

——摘自纽约时报著名专栏作家 David Hochman

发表于 1998 年 4 月 5 日的一篇文章

“我会通过爱好去接触许多不同行业的人，我就当作我在做销售一样去锻炼，我说到人家烦的时候，我自己也觉得很不好意思，可是没办法，我自己对着镜子练没有用，不如对着人练。一遍一遍去复习，我是一下一下练到今天的。”

现在，陈风凡最难面对的人，只剩下一个，那就是陈家宁。父亲会让儿子扮演“客户”，一边在他身上比画着，一边亲自教授他一些秘诀：

“一件好的衣服一穿上，它是贴住颈的，肩是往前的，自然跟身体结合起来，更重要的是领子，不是平板的一块，是用人手，很多很多针把它做成弧形的状态，其他部分都是到位的。”

对此，陈风凡感受到了父亲的恩威并重：

“他既是父亲，又是我的上司。我是以面对老板的心情去跟他交流的居多，因为我希望我在公事上能够得到他一份认可感，然后我再以一个儿子的心情去面对他。”

工作了若干年之后，陈风凡想带来一点变化。他计划制作一本全新的宣传册，在他看来，旧有的表达过于专业，不便于客人理解。

新画册的设计中，陈风凡要用一张照片，展现家族老店当下的面貌。他想有所突破。父子之间再次出现理解上的差异，但陈风凡还是获得了父亲的支持：

“他（父亲）可能会觉得这个不是这个行业应该有的事情，对于他来说是无法理喻的，不过他没有阻止我。”

5

在江西景德镇的三宝村，每天早上，李文英都要踏过一条铺满瓷片的小路，为远道而来的客人准备早餐。餐桌上的吃食也是中西结合，有蜂蜜、烙饼、麦片粥、面包片、咖啡……

三宝村是在一片老式农宅里建起来的陶瓷作坊。经过整理的中国元素呈现出强烈的现代感，吸引着来景德镇寻根的国际陶艺人。李文英的生意，就是为他们解决一切生活所需，组织去各地体验中国的民间艺术。

如何让外国客人们尽快适应这里的生活，李文英摸索出了自己的办法：

“从他们到中国的那一刻，你就得操心。有些人没拿过筷子，我不给他们勺子和叉子。他为什么来中国，他就是对中国的文化感兴趣，我说你筷子拿好了，你的毛笔字也会写得好。所以 2 个星期下来，就很简单，大家都会了。”

克莉丝汀来自英国，是李文英合作了 10 年的伙伴，也是她眼里的好朋友：

“她组织人，因为她在英国是蛮有名气的一个陶艺家，有说服力。”

两人性格迥异，却在 10 年磨合中形成了默契。她们看起来更像是一对天生的欢喜冤家，经常互相拆台。李文英“嘲讽”克莉丝汀：

“难搞的女人，脾气大得连男朋友都没有。”

克莉丝汀满脸骄傲地回应她：

“我有过两个丈夫。”

每年，李文英要接待数十个国家的上百名陶艺家，在他们心中，景德镇是一个精神家园。

今天的景德镇是一个热闹的瓷都。陶瓷的制作和售卖遍布各个角落，人们的生计似乎都和瓷器有关。来自世界各地的人们聚集于此，展开制作、售卖、学习、展览、研究等活动，但吸引着全世界目光的，依然是它最传统的部分。

高级工艺美术师龚华的工作，在景德镇东北部一个安静的村庄里进行。

15 岁起，龚华就开始画胎。因为对古代瓷器的痴迷，10 年前开了作坊，沉下心来，遵循古法制作瓷器，这需要一种笃定的心境：

“我一辈子就只做一件事，我就做陶

瓷。因为我很小就开始进入这样的状态，一层一层地加深，你就完全进入这种状态。”

和龚华一样，这里的其他人，也都是十几岁就进入国营老瓷厂，在老辈人严苛的要求下学习技能。比如，高级技师杨国华就深谙其中的艰辛：

“这个磨刀它是师傅教，要你自己做。那真是大冬天的，在外面，干的时候是一件一件衣服脱，干热了脱一件，再干热了脱一件，最后光着膀子，不觉得冷。学磨刀学了 3 个月以后，师傅才让你上手。”

几十年积累的功夫，已使手指能够精确表达内心的感悟。龚华的瓷器受到收藏家们的青睐，订单已经排到了 2 年之后。但他并不想因此而扩大产量，他认为“手艺人”要有自己的坚守：

“几乎每个瓷器都是要通过我的手。这个工作量我受不了，我觉得那个品质可能会下降。我从来不定位自己是一个生意人，我们是一个手艺人。手艺做得好，生意自然会来。我就这样想的。”

龚华不肯放弃的，正是这个瓷器故乡的精神所在。这也是全世界陶艺家追随它的理由。李文英也想把家乡的最宝贵的精神财富带给外界：

“我会组织很多景德镇的传统的手工工艺，比方说书画，毛笔制作，现场做。这种东西能够展现给他们的，现在很难看得到，特别是今天的中国。”

做好一切准备后，瓷器终于要进行烧制了。

老胡是景德镇最有名气也是最后一个传统柴窑的把庄师傅，他是控制火候的关键人物。

龚华的窑完全仿造明代柴窑，所用的燃料是松木。高温几乎突破人能忍受的极限，瓷器在火的洗礼中脱胎换骨。过去数百年间，这样的柴窑在景德镇不计其数，熊熊窑火曾经照亮过整个城市的夜空。

李文英和克莉丝汀聚在一起，为来年的艺术家活动制定路线。谈笑间，她们俩各有各的分工：

“我把行程做好，然后她来进行修正，她是艺术家的一个代表，代表他们想了解什么。我们去村庄的深处，然后去一些艺术家工作室、一些窑址。”

对全世界的陶艺家来说，景德镇是一生必须要去的朝觐之地。

这座千年瓷都，地处昌江之南，古称昌南，1800 多年前开始建窑烧瓷。昌江是景德镇通向世界的第一条纽带，精美而稀有的瓷器沿江而下，远渡重洋到达欧洲，在贵族的万千宠爱中成为中国第一件全球化商品。

历史的痕迹依然随处可见。至今保留在城中的老民居，很多是用烧瓷器的窑砖所盖，窑砖上光亮的釉面是烧制特有的印记。空闲的时候，龚华会在杨国华的陪同下，去年轻时工作的老瓷厂看看。他像个小孩子一样，一脸兴奋地操持着当年的把式：

“包括我们的父辈，也有很多其他的师父，他也会知道你这个年龄段的人是一下坐不住的，他会叫你，孩子、孩子，过来，你给我去买包烟，他实际上是给我机会活动，确实很感谢他们。”

闲暇时，李文英会“强迫”克莉丝汀学习毛笔字，因为画胎时会需要熟悉毛笔在手中的感觉。她还给这位英国挚友取了一个中文名：李安。“李安”很喜欢这个名字和这个国度：

“我热爱中国，中国是我的命根子。如果没有它，我就不复存在。三宝给予我的是弥足珍贵的，这是当代制陶艺术同古瓷制造的一个台阶，所以对我来说，这是一个连接古代与现代的至关重要的桥梁。”

应李文英之邀，在自己的“书法作品”上，克莉丝汀题了一首诗：

“月亮升上山岗，没有文英在身边，我们是否还能安然入睡。”

清明将至，景德镇的制瓷人都会遵循古法搭一座太平窑，祈求古老的手艺造福子孙，世世代代福泽绵长。

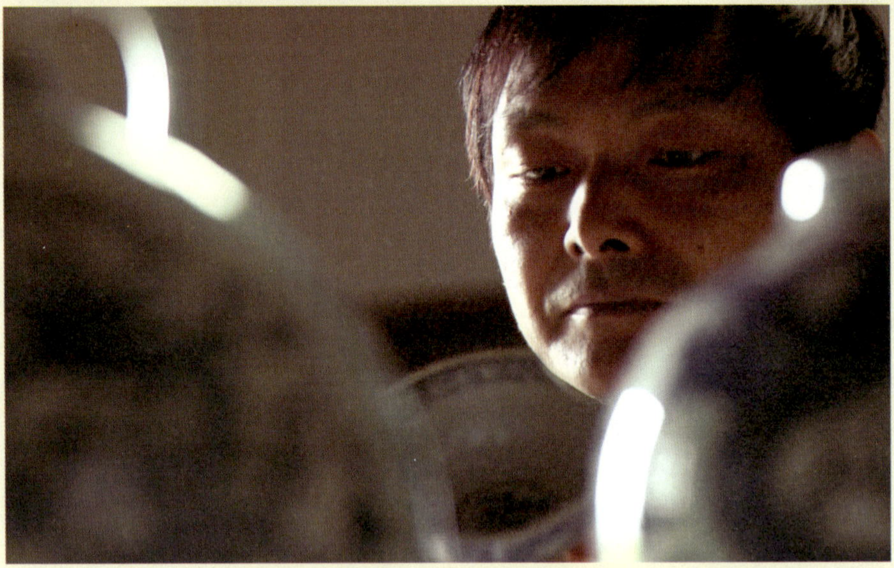

□ 杨国华从老技师那里传承了精细、扎实的“匠人精神”。龚华绝不接受批量生产，因为他坚持认为：手艺做好了，生意自然来。

追访 · 李文英 /

Q 你是如何把陶瓷这种艺术变成了一门生意?

A 好像没有刻意要去把它做成一门营生，一切都像是自然发生的。20世纪90年代末，景德镇陶瓷艺术尚未打开面向世界的窗口，而三宝陶艺村的落成改变了这一局面。我在其中的工作像是一座桥梁，将东西方陶瓷文化艺术进行对接，在这个过程中逐渐实现落地转换。得天时地利，遇人和，终成事。

Q 下一步，还有什么规划?

A 还有什么规划?嗯，未来的5年、10年是不是要把这样的工作做成一个产业是我思考的方向，让它成为“三宝”前行的方向。

与全世界做生意不容易，但是特别有意义，我想带一帮年轻人继续做下去。

□ 编导们在外滩给陈家父子说“戏”。

我导·我说

一个片子从头到尾的创作，后期或许是最不堪回首的。解说词的痛苦熬制、细碎繁复的剪辑……从第一剪到百千万剪的过程中，屏幕前的那个人已经老眼昏花、形容枯槁了。最令人纠结的是取舍。面对冰冷不可变的时长，拍摄时倍感欢欣的饱满素材，此刻变成沉重的负担。取谁，又舍谁？

为了主题、为了各故事间的搭配和整体效果，最终留下的是冰山一角。

那些被舍去的，变成这一角下沉默的大多数，却并没有在记忆中沉没。时光推移，总有一些人、一些片段，难以忘怀。

手艺人

这是手艺人最多的一集。无论是瓷器、木雕，还是裁缝，手艺都是古老生意得以维系的灵魂。

景德镇的龚华说：“我一辈子就干一件事，我就做瓷器。我也只会做这一件事。”

红帮裁缝陈家宁说：“从进到这一行开始，就已经准备好把一生都投入在里面。”

匠人匠心，如出一辙。

一门深入，从一而终，这几乎是所有手艺人身上共同的特质。但在一位手艺人的身上，我感到了一些其他的东西。

他是泰州的木雕匠人徐志明。他的“怒”，远远跳脱了手艺人惯有的沉静与平和。

起初，只是感觉到他的率性。采访中我问他，日本客商要求雕刻期间不沾酒肉，以体现对佛的尊重，这点他是否认同？他想都没想，说：“表面文章，我才不信那套！”

就是这个对表面文章满不在乎的人，却又是一个最在乎的人。听到韩国客商提出“把弥勒佛雕刻成韩国人模样”，对着老板怒发冲冠的，是他！“弥勒佛的样子，千百年都没变过。老祖宗就是这么雕下来的，传到我们手里还是一样，哪能他说变成韩国人的样子，就变的？！”

老徐在乎的，是传承！

老板苦劝之下，想到这单生意关系到整个工坊的利益，老徐忍了，答应修改。但挑剔的韩国客商依然不满，冰冷斥责："我是掏钱的，我说怎样就怎样，你们手艺人有什么好讲的！"

大怒之下，老徐撂挑子不干了。宁可不拿一分工钱、甚至冒着丢饭碗的风险，也不妥协，他在乎的是什么？

"我们手艺人也是有底线的。"这是老徐的回答。

其实，拍摄时，事情已过去多半年，但无论是采访，还是重现那件事的片段，老徐的情绪和表达都"到位"得令我们惊讶——仿佛事件正在发生。

突然意识到，当下的这个"怒"，是因为这件事还没有在他内心真正平复。老徐心里无法消化的，只是这件事本身吗？

或许，时代变化对他来说太快了，不觉间已轻易越过了一代代匠人所坚守的底线。老徐既不能完全遵从这个时代的新规则，但也无力改变。他的"怒"，是不解和困惑，也是抗议。

在我眼里，老徐只是选择以一种决绝的方式，去捍卫手艺人的尊严。

当我在电影院里看到"老炮"拿着日本军刺冲向对岸的时候，我想到了老徐。

父与子

第一次去上海做红帮裁缝故事的调研，去车站接我的，是陈风凡。见面第一句话是："我老板说他今天临时有事，很抱歉不能过来，让我来接你。"

当时真有点反应不过来。但很快明白，他说的"老板"，就是他父亲，陈家宁。

从车站去酒店，总是我在找话题问，陈风凡的回答客气、简短，但总让人感到一种无法靠近的距离。我隐隐有些担心，这会是一个穿着铠甲的人物吗？

第二天，见到了陈家宁，顿感拨云见日。陈家宁是那种见第一面就能让你建立信任的人。表情生动，话语真诚，极具感染力，但这只是他魅力的一面。真的被打动到，是看他整理布匹。只是那样几个简单的动作，抖开布料，再一节一节卷好，间或用尺子丈量、用铅笔画线。眼间手底，每一个动作都体现着分毫不差的细节追求，同时又充满美感。那个时刻的陈家宁，心无旁骛，只有他和布，那是一个终其一生磨炼技能的手艺人的世界，旁观的人进不去，但一定会不自觉地肃然起敬。

对手艺的严苛和对人的亲和，在陈家宁身上完美地并存，如同裁缝手下的直线和曲线。但在陈风凡身上，似乎很难感受到这两面中的任何一面，甚至是截然不同的个性呈现：长期熬夜、不拘小节、克制的表情和表达。我越发担心，镜头前的他，能否敞开？和他父亲相比，是否会过于黯淡？

直到他坐在我对面，慢慢展开他的讲述：

“我是一个非常内向的人，我不喜欢跟人交流，所以我在香港从出生到13岁为止，一直在家里面，很少出去。可能有同学到我家里面玩，也是跟我妈妈玩，我只是在边上看着他们。小时候我和父亲之间没有太多对话，我一个礼拜跟他说的话，数得出来。”

陈风凡的打开，完全出乎我的意料。

“我很喜欢看一些神话、童话，现实和历史题材的书我几乎不看。我的父母亲，他们是很成熟的人，他们非常知道现实世界是怎么运作的，而我，从小就非常理想主义，虚幻，不现实。当我把我的想法跟父母说的时候，他们说你不能这么天真，然后就开始灌输他们的理念给我，一次又一次侵略我梦想的世界。从很小开始，他们已经会把我说到哭了。我需要很长时间去消化，而一次又一次的梦想破灭，心情很难受。”

陈风凡的话真到不加任何修饰，又重到让我难以承受。

“老师对妈妈说，这个孩子其实蛮聪明，但就是不爱念书，他在家是不是很爱玩？我妈妈说没有，在家里整天就发呆，也不干什么。我们逼他一下，考试名次马上从最后到前五，可是没多久又回去了。父母很难过，就跟我说，你在香港念书，也不会特别出色，进不到重点中学。不如你去美国念书吧，亲戚都在那边。我听到以后说的一句话，现在还记得，我说，我终于可以逃离这个笼子了，我一定马上去。”

那天，陈风凡说了很久很久。

我感激他对我们的信任。而他的毫无保留，甚至让我感到惭愧（很遗憾，这大段大段的回忆，因为篇幅的限制，都没能出现在最后的成片中）。

如果没有听到这些话，我不会了解这样一个与众不同的少年曾经走过的心路历程；我也就无法明白为何日后的他会选择那么多不同的工作，只为远远离开父母的裁缝店；更无法体会，当使命感召唤他回到父母身边，去赢得认同的时候，他需要对自己下多大的狠心来改变。所以，当我听到他逼着自己去找各种各样的人练习交流，然后对着镜子一遍一遍复习的时候，我流泪了——他好像换取了双腿的美人鱼，为了赢得爱情，每一步都踩在刀锋上。

陈凤凡渴望获得认可，但并非以唯命是从的方式。他有想要突破和改变的迫切愿望。在他看来，家族的店已经开始落后于时代，他必须为它注入新的血液。他真的去做了，而其中一些尝试正在挑战着父亲视为立店之本的观念。

这对父子身上，你能看到两代人在交接过程中，相互交融又对抗的复杂况味。

裁缝故事最后一天的拍摄，是在外滩。父子两人走在人群中，我们在后面拍背影。两个人并排走着，却分开了不小的距离。多年拍摄的积习让我本能地想喊："靠近点！"

幸好还是咽回了那话。

突然明白，这个距离就是陈家宁父子当下的距离，它是最真实的，或许，也是他们所需要的。

我知道，有一天，这距离会拉近，那时，红帮裁缝的家族老店已经完成新一轮的交接。

第三集导演　杨晓清

□结束辛苦的拍摄，编导们与陈家父子在上海外滩合影。

现代生活正在前所未有的贸易之河上流动，
世界每天都是新的。

>>>

正如陈风凡所说：
“我希望把眼界打开，这个世界在进步，
我们也在进步，我们如果不再进步的话，
我们只会被世界历史遗忘的。”

>>>

每一个人，既活在过去，也活在当下，还活在将来——
陈家宁父子裁剪着各自的人生；
沙哈提继续着每年 20 次的跨国商旅……传统，
不仅是用来继承的，也是用来创造的。

>>>

来自不同国度的李文英和克莉丝汀缔结成生意与命运共同体：
“我们是合伙人！”

>>>

古老的买卖，在一代代人手中相传。
它的生命力源自执守，也源自包容。
正如千年瓷都不灭的窑火、生生不息。

第三集

与全世界做生意

A BIZ DATE WITH THE WORLD

第四集

时间就是金钱

身处这个疾速前行的时代，前所未有的紧迫感催促着人们。

一路奔跑的中国人，耳畔回荡着响亮的声音：

时间就是金钱！

▸ 临近圣诞，意大利都灵的人们进入节日模式。

意大利人的理发馆里比平时繁忙很多。可如果没有预约，无论多急，也享受不到优雅的服务。并且，不管生意多少，这里一天只工作 8 小时。

这是意大利人的坚持。

Cavallotti 街的转角处，一家中国人经营的小理发店在夜色中显得十分醒目。门楣上用中文、英文、意大利文三国语言标注着“金色时尚”字样。透过大大的玻璃窗，能清晰地看到里面的理发师围着客人们忙碌的身影。偌大的招贴广告牌上除了有价格，还标识着如下信息：

营业时间 9:00-20:00
可以根据客人需要调整
无须预约

公开的营业时间是上午 9 点到晚上 8 点。实际上，它具有相当的灵活性。来这里剪发的顾客非常喜欢这里的便捷和效率：

“如果我只是想要去剪个头发，还要打电话给人家老外说，我什么时候过来啊，你什么时候有空给我安排个时间啊。还是你选择一家随时可以坐进去，在那里马上就可以开剪的地方。”

理发师应勇生、季杰也认为自己的效率远远高于他的意大利同行和“对手”：

“他们上班时间一天 8 个小时，中午还要关门几个小时。老外做一个客人，我们就要做两个，就做人数了。”

“他们有自己的特长，我们中国理发师也有自己的特长。我们速度比较快，然后工作会比较尽心尽力，我们中国人比较聪明，努力一点呗。”

海报上，比本地理发馆便宜了近一半的价格很有诱惑力。某位摩洛哥女顾客比较说：

“市中心就有一家中国发廊，里面永远都是满满的人。它附近就有一家意大利人的发廊，但是门可罗雀。中国人的方式确实更实用。”

美甲师薇薇逐渐熟悉并习惯了意大利的生活节奏：

“意大利人好像程序方面比较规范一点，速度上面是比不过我们的，我们很变通，我们很灵活的。”

便宜，并且随时可以提供服务。在意大利，这就是中国理发馆的共性。

延长的工作时间和技巧成就的速度，转化成了可见的利润。理发师小王分析起自己的优势：

“剪一个头发，8 块钱的，虽然说很便宜但是数量多，也还是不错的。意大利人开店对于我们来说是没有竞争力的，因为我们对面就是一家意大利人的理发店，这条街也很多的。”

有的客人尽管犹豫再三，但最终还是走进了店门。抛开价位因素，他也实在没有别的选择。在这个街区的这个时候，还在营业的也就只有中国理发馆了。

美发师们全部来自浙江青田，那个人口总数不到 60 万的中国小县城。

在世界的很多地方，远道而来的中国人都给当地同行带去“加速”的压力。

除了吃苦耐劳，中国人的秘诀就是灵活机动、效率优先。

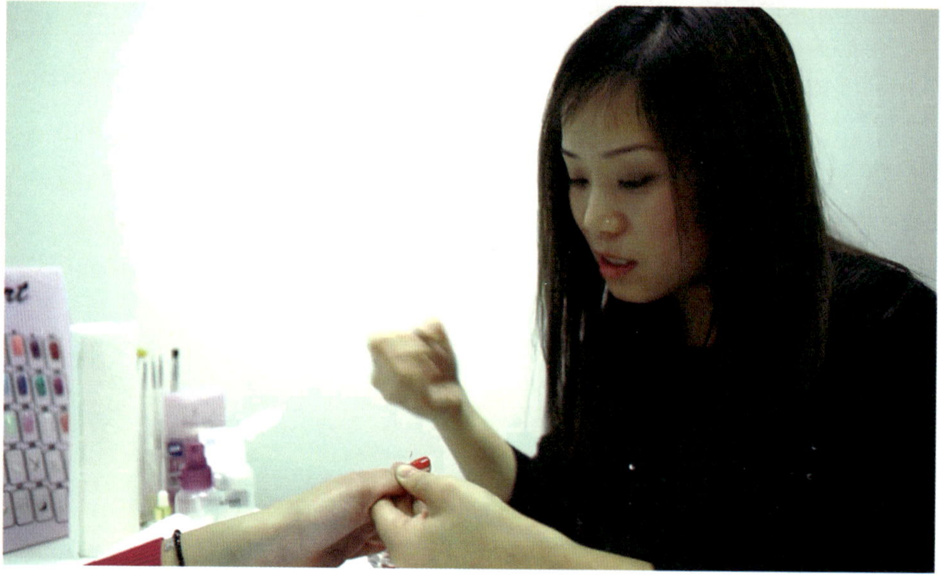

□ 中国人的变通、灵活、肯吃苦，让他们无论走到世界的哪个角落，都颇具竞争力。

2

中国最大的民营速递公司“顺丰速运”的总部就位于始终处于高速运转的深圳。

绝大多数员工，已经习惯了在上班的队伍中看到几张外国同事的面孔。比如，来自意大利的孟泰峰、丹妮，以及来自老挝的大海。

对于这个以经营“速度”见长的公司来说，这些年轻人是重要的人力储备，是未来可能在海外独当一面的特殊人选。

意大利人泰峰的工位上都用中文写着他的名字，他的工作重点是关注全球最新的电子商务动态：各个国家的总人口、网民、网购人群、手机网购人群等。

但是，还有另外的内容，同样需要他认真学习和领悟。中国的同事会耐心地教他：

“我们的核心价值观，主要有8个字：尊重、团结、认真、奉献。”

孟泰峰用不太娴熟和标准的中文跟着念一遍：

“尊重、认真；尊重、团结、认真、奉献。”

中方员工怕老外不懂，进一步给他们解释这几个关键词的意义：

“特别是像这种‘双十一’，很多同事，就会放弃他们的休息时间，可能每天工作有差不多15个小时，不需要太多的什么回报。这也是一种奉献方式。”

孟泰峰若有所思地嘴里念叨着，似乎懂了：

“对工作奉献，所以没事，我们要努力工作，努力工作，好好工作。”

对此，丹妮也有自己的理解：

“很多次我回国，很多人问我，是不是中国人喜欢加班，是不是中国人喜欢很努力工作、很努力学习，我觉得是。我完全不喜欢加班，不是我们的文化。如果你看加班的事情，肯定会说意大利人很懒。我觉得不是懒。就是我们慢慢地工作，我们不着急。（我们）不一样，对吗？”

尽管中文还不纯熟，但是丹妮已经参与到讨论海外经营情况的实质性会议里，她会用老外特有口音的中文，向与会的中国同事介绍情况：

“8月从中国到海外，有6万‘片’，6万‘票’。”

发得不对的音，中国同事会善意地笑着帮她纠正。整个“顺丰”都太需要这些外来的“伙伴”：

“我们是一个新的、小的、本土的中国企业，要去跟他们争夺这个市场，或者要进入他们国际市场的话肯定是难的。如果我要去意大利做生意的话，那肯定是有个意大利的这种伙伴，肯定会更好。”

监控室里的屏幕 24 小时闪动着。总部的人可以随时抽查 2000 公里外北京的某个站点。如果有需要，也可以调出 3500 公里外的首尔，或是 2500 公里外新加坡分部的实时视频。

美国、日本、韩国、新加坡……一切都在掌控之中。

孟泰峰会问来这里参观、采访、谈事的人：

“你知道‘顺丰’有几架飞机？”

如果有人反问他：

“你知道吗？”

孟泰峰会骄傲地回答：

“我当然知道了，13 架。”

办公室里的滚动屏上显示出世界各地的快递价格以及物流信息。100 年前，未来主义者就宣称：“世界的光彩要通过新的元素来丰富，而那就是速度的美感。”而今天的人们，似乎已经习惯用不断加速，来构建自己对于这个世界的存在感。

快递员丁铁男，每天就要穿梭在大名鼎鼎的深圳华强北电子市场中。这里有滚滚的车流、物流以及现金流：

“在这边，车是不会让人的。”

周边的居民楼里，生存着无数个小电商。这里的每一个人几乎都可能成为丁铁男的客户，这让他有些惊讶：

“一开始我也认为就是说，特别大的一些淘宝店，（应该是）房间里面有二三百平方米，装修得特别豪华。但是等你实际真正接触到他们生活当中，和你想的完全不一样，他们经常发一些国际件，有美国和俄罗斯那些，你就会想，这应该是出口的，应该分好几个部门，实际上他们家可能就 3 台电脑，3 个人负责不同的工种。你一个人，就有可能做一笔很大的生意。”

而“华强北”的这些电商们却怀有更高的梦想：

“最好全世界都有我们的顾客。这是梦想，每个人都有梦想的，是不是？”

在“华强北”这片只有 1.45 平方公里的狭小区域里，“快速获利”充斥在每一寸空间里。在这个精密并且勤奋运转的庞杂系统中，时间被加以管理，以“快”的形式呈现。

“快递”中的“快”字很好地诠释了这种强调速度和效率的时代精神。在顺丰客服中心，工余，员工们会起身跳一段工间操，放松下僵硬的身体，舒缓下紧绷的神经。

集体舞蹈来去匆匆，秩序会瞬间恢复。大家各回各的工位，立马重新投入紧张的工作，接听来自全世界的咨询或者投诉电话：

“先生你好，麻烦记录你的单号。一旦确认后尽快回复我们可以吗？”

“Good afternoon，this is ShunFeng Express，may I help you please.”

“You are welcome. Thanks for your listening，have a nice day.Byebye.”

说英语的员工，桌上会放着一本英文词典，这不是一份轻松的工作。小方格子里，所有人高效、趋同。一切都被标准化，节约出来的每一分钟都可能产生更多的效益。滚动屏幕会实时显示“总呼入数”“排队均长”“总通话数”“总排队数”“接通率”等重要的指标，似乎像一条鞭子，在时刻鞭策着每一个管理者和工作者，不断努力，努力，向前，向前。

老挝人大海的工位上贴着便签，上面用拼音标注“不舍不得，大舍大得”这句颇有深意的中国谚语，为了帮助理解，下面还写着英文。

“卢希姐，18 香港币合人民币多少钱？”

晚上 7 点，大海所在的客户部仍然热闹。他不小心把“顺丰”错打成了“顺风”，卢希姐会笑着帮他指出。工作几年，大海在这里找到了自我的价值：

“最近加班比较多，事情做不完也不能回家。Respect 尊重，teamwork 团结，attentiveness 认真，dedication 奉献。

（以前）到时间没事做了我就走，但是现在我们顺丰上班到（晚）9 点的也有，因为还要帮其他的同事。我们都很愿意帮忙。这个也是我们的顺丰的影响。我觉得，我在顺丰也是重要的员工吧。”

被熏陶了 2 年的大海，已经学会用公司的价值观来解释个人得失了。

而丁铁男却感觉自己像一个不停运转的陀螺：

“感觉就是时间一点不够用，这个事情还没做完，下一个任务已经到了。然后等你下一个任务刚开始做，第三个任务就到了，特别紧。”

这个亚洲最大的电子产品集散地，在夜幕降临之后进入一天真正的高峰。每天有 50 万人汇集到这里，人们在匆忙和躁动中编织着自己的梦想。而庞大的物流队伍支撑着这里面向世界的辐射力。

在这里为生计、梦想打拼的人都感受到了来自时代的敦促和匆匆的脚步：

“不管你在哪，最重要的是人，你跟谁在一起。每个人都知道中国，发展是很快，然后它是第二个最大的 economy，经济

□对于孟泰峰、丹妮和大海来说，他们已经会用流利的中文来念出顺丰企业精神的这八个字，但深刻理解其中的内涵，还需要更长的时间。

体，中国发展是 out of control。中国是一个亚洲的脸。Face of asia。”

“每一个格子都代表一个梦想，有的他想做华强北手机贴膜的第一名，有的想做天猫、淘宝手机的第一名。我们也一样，我们也有自己的梦想。我的梦想就是以后做老板。不断为自己的梦想而努力，一步一个阶段，哪怕每天早起来 10 分钟，我就可以多做一件事情，或者多思考一件事情。人不逼自己一把的话，你永远不知道自己的潜力在哪里。”

即便到了深夜，这座繁华喧嚣的城市稍作安眠，那也是片刻歇息，为了第二天会有更快的速度去创造更多的财富和奇迹。

3

每一个来到云南昆明的人，都感受到了这里的温暖。所以，大家都称呼这里为“春城”。感受到这份温暖的不止有人，还有那些极需要优质阳光、空气、土壤的鲜花。

从昆明向外辐射，鲜花种植在这里形成了规模。一旦离开土壤，时间就成为它们最大的敌人。花农们要确保清晨采收的鲜花能即刻启程，送往它们该去的地方，以及喜欢它们并为之付出了金钱的人的手上。

下午 5 点，亚洲第二大鲜花拍卖市场——昆明国际花卉拍卖交易中心前略显冷清。但这只是假象。2 个小时之后，这座名叫斗南的小镇里，将是另外的情景。

拍卖大厅里，来斗南将近 20 年的花商谢耀荣有自己的固定席位。所谓“商场如战场”，他要和其他花商在这里一较高下：

“价格高了也拍。今天不管它掉价涨价，要把它搞定。”

座席上几乎全部是像他这样的二级采购商和鲜花代理人。在这里，他们掌握着大宗的国际订单。

晚上 7 点，拍卖师们先后入场。在拍卖师陈飞和王蕊的导引下，一些花朵和花商的命运将会定格在一些具体的数字上：

“各位尊敬的购买商，欢迎参加今天晚上的拍卖。首先拍卖玫瑰 B 级品。”

“下面转到 C 级玫瑰的拍卖。”

在人们的期待和喧嚣中，拍卖开始了。

这里没有竞价声和落锤声。这是荷兰人发明的降价式拍卖法，局外人只会迷失在闪烁的光标里。

处在高速运转中的拍卖师播报的鲜花批次和信息，通过耳机传到 300 个竞拍者的耳中。

一旦拍卖师给出起拍报价，大钟光标立刻启动，数字从起拍价急速下落。竞拍者要在瞬间做出决定，在自己的期待价位上按下抢拍键。光标停止在第一个出手者那里，停下的数字就是最终的成交价。

结果立见分晓，拍得者与落拍者的出价只在分毫之间。

3 个拍卖席同时启动，5 秒钟完成 1 次交易，5 小时交易 1 万笔，这在常规拍卖里，无法想象。

荷兰式拍卖（Dutch Auction）是一种特殊的拍卖形式，亦称“减价式拍卖”。它是指拍卖标的的竞价由高到低依次递减，直到第一个竞买人应价（达到或超过底价）时击槌成交的一种拍卖。

减价式拍卖通常从非常高的价格开始，高的程度有时没有人竞价，这时，价格就以事先确定的数量下降，直到有竞买人愿意接受为止。在减价式拍卖中，第一个实际的竞价常常是最后的竞价。那么，从何谈起这里有竞买人之间激烈的竞争呢？这里确实有竞争是毋庸置疑的，虽然仅仅只有一个竞价，但是这个仅有的竞价是对预期的一种直接反应，如果自己不出价，那么别人就会出价，从而失去物品。

然而，在大部分减价式拍卖中，实际上有许多竞价。因为减价式拍卖经常用于拍卖品具有多样品质的场合，如质量上的不同、第一个出价最高的竞买人可以买走全部物品，但往往只以最高价买走这些物品中最好的，然后拍卖继续，价格下降，当另有竞买人愿意接受竞价，他也有同样的选择，也是买走余下中最好的，然后拍卖又继续。在这种情况下，虽然竞买人大部分时间都沉默不语，但是在竞买者之间确实存在持续的竞争。

减价式拍卖最大的优点在于：成交过程特别迅速，尤其是使用表盘式无声拍卖方式，使拍卖过程机械化、电子化，使交易速度大大加快。但是，叫价递减过程往往导致竞买人坐等观望，企盼价格不断减低，因而现场竞争气氛不够热烈。

被拍走的花马上要转往下一站。它们要赶上最早的航班，奔赴远方，与时间赛跑；败下阵来的鲜花，将丧失掉作为商品的价值。

即便结束工作良久，陈飞半天都不能从快节奏的播报中摆脱出来：

“行情会调动我们拍卖师那种拍卖的节奏，拍卖师会很兴奋。可能拍卖的时候就会忽略时间的那种概念了。”

以拍卖师的语速，他这一晚相当于朗读了一本 5 万字的小说。

关了办公室的灯，王蕊走出花拍中心的大楼，同样感到身心俱疲：

“脑力和体力都相当耗费。”

鲜花生长需要阳光，可为了避免阳光对鲜花的影响，世界各地的大宗鲜花交易，都约定俗成地从入夜开始。每当入夜，斗南似乎成了“花花世界”：

“你看，这些卖花的都已经来了。这两天花又多。”

受印度洋季风影响的云南，只有干湿两

季，成为鲜花种植的理想之地。这里许多的居民也都干起了与鲜花种植和销售有关的营生。

“Nice to meet you！”

“Hello，good morning！”

利用午休的片刻，端慧丽和同村的姐妹学习用英文问好。因为她们很有可能在工作时和说英语的荷兰老板相遇。

全世界最会种花和最会做生意的荷兰人来到中国云南，给自己的鲜花生意寻找新的可能。因此，荷兰人也要学会和当地花农打成一片，这让端慧丽们受宠若惊：

“过中秋节他们还买蛋糕，还发请柬。那天还延长了 10 分钟吃饭。”

端慧丽不了解荷兰老板的想法，但是她相信，付出足够的时间和汗水，会取得最大的回报，她期待“幸福像花儿一样”：

“个个都是想过好生活，没有哪个人是不想过好生活的。只要你勤快，什么地方都可以赚钱。”

在国庆前的最后一天，代理商谢耀荣促成了今年的一单大生意。

“这是俄罗斯的客户，我们在接待他们。他们现在赶飞机，要去机场。我们送他们去找车。”

如果顺利的话，这笔持续一年的玫瑰订单将达到 100 万美元。谢耀荣深知其中的艰难：

“不容易，我们是争取过来的。他们要经过北京、哈尔滨，把货再发到海参崴。他要用 5 天的时间才能到海参崴。但是我们提了一个昆明经过大韩航空再到海参崴，2 天时间就到的方案。这件事情很吸引他，他高兴了，我就要这趟航班。这是对我自己的要求——思静。每天我要思考，要静下心来做我没做完的事。身在花丛中，没有办法不开心。”

因为种花，这个中国的西南小镇水到渠成地孕育出一个世界级的市场。就连这里的地产广告牌上都在向外界发出盛情的邀请：

“世界，请重新想象斗南。”

这里的人们相信，外面的世界越大，机会也就越大。

4

中国重庆已是拥有 3200 万人口的超大城市，已然化身为中国经济的巨大试验区。

不管外界怎么变，重庆西站，始终运行着自己的节奏。

铁路是中国国计民生的重要命脉，但也固化成了所谓的“铁老大”。工作多年的铁路员工对此深有体会：

“铁路跟社会上有些东西还是有一定反差的，因为它很多东西都已经形成固定的模式了。要一时半会儿去改变它，也是不可能的。”

不过，凡事没有绝对。事实上，这里已经成为一条横贯亚欧的新通道的起点。

“23 道空线下车了。”

列车的终点远在德国的工业重镇杜伊斯堡。

因为起止点在欧洲和中国的重庆，它被命名为“渝新欧”铁路大通道。短短 3 年里，国际班列进入常态化运营，这几乎是一个不可能完成的任务。

深处中国西南内陆，重庆面临着与外界交流的天然障碍。但越是如此，对“快”的向往就越迫切。渝新欧（重庆）物流有限公司的员工刘希是典型的山城妹子，她的语速就能体现出这种“重庆速度”：

“这 2 年真的变化得非常快，比以前快很多。可能这跟重庆人的性格有关系，你不往前奔，你就往后退。”

这座城市的抱负并不甘心于封闭的地理条件的限制。所以，必须要有所改变。

在这个以“渝新欧”命名的部门里，所有人都在围绕这条铁路运转。

“渝新欧”并不是一条新修建的铁路，它是把沿途 6 个国家现有的线路进行优化整合的产物。而周边的诸多国家都将得益于这条通道。可实现多国联运，具体问题太过复杂，在这条通道上，每个国家都站在各自利益的角度，各持己见。这让“渝新欧”的员工们也深感运行的困难：

“遇到一个问题要解决它，就必须沿线要打招呼，沿线协调。”

“沿线全部是一些国家铁路垄断了，所以它规定很死。”

“很弱势，到处都求人，都求人。”

"实际一天可以打几十个电话，我们都是一个国际协调人。"

"国际协调人，就是国际协调人。"

这群"国际铁路协调人"饱受各种困扰。程序不同，标准不同，一切都没有先例，一切规则都要从头推进。

重庆铁路联合集装箱中心站的龙门吊下，发往欧洲的集装箱都要在此完成吊装。"渝新欧"班列的开通，使这里的装箱量突增。这也使得吊车司机郑雨双压力陡增：

"不要倒了，不要倒了，赶紧走。不要挡道，有水……

底下那些司机等久的时候，我也会觉得很不好意思。尽量保证在安全的情况下，提高一点效率，搞快一点。"

集装箱们周游列国，见证着全球贸易的新速度。它们的下一站，是1万公里外的欧洲。那里是中国最大的海外市场。

邓蕴倞为这些集装箱国境需要的运单飞快地盖着戳：

"海关的这个监管放行章，出入境检验检疫局的放行章，中心站的站戳，还有这个发货单位他们的公章。里面包含了非常多的信息，团结村、铁路集装中心站就是这个起点站，中转站阿拉山口，以及我们最终的目的地——德国的杜伊斯堡。

有了这个统一运单之后，我们不需要再在那个马拉舍维奇去进行一道换单。这个单就是一站到底，一票通关。"

一票通关，意味着艰难地打破了国家间的铁路垄断。而缩短的每一个小时，都是竞争力的提升。

作为著名的山城，重庆综合保税区的这片开阔地极为难得。按照规划，这里将形成年产量1亿台的笔记本电脑基地。产品几乎全部销往欧洲。

一直以来，中国西南地区出口欧洲的贸易，要辗转经过马六甲海峡和苏伊士运河，这意味着多出上万公里的行程。而"渝新欧"的开通，使中国西南与欧洲市场直接贯通。仅仅从时间上看，铁路就比海运节省了24天。

"最大的竞争优势就在于时间，就是它比海运的时间要快，它比航空的价格要便宜。"

寸滩码头上，刚刚下线的汽车冲上江轮。组装这批汽车的零配件来自欧洲，它们搭乘"渝新欧"专列，奔驰13天后，抵达重庆。这些"重庆制造"的汽车将会沿长江而下，走出山城。水运，一直是这座码头城市的根本和骄傲，但也是一种制约和无奈。想要飞跑的城市，必须要创造更多的选择。

最后的一座过江索道横跨在长江上。30年前，它是最合时宜的交通工具，今天，

“渝新欧”国际铁路联运大通道，是指利用南线欧亚大陆桥这条国际铁路通道，从重庆出发，经西安、兰州、乌鲁木齐，向西过北疆铁路，到达边境口岸阿拉山口，进入哈萨克斯坦，再经俄罗斯、白俄罗斯、波兰，至德国的杜伊斯堡，全长11179公里的由沿途6个国家铁路、海关部门共同协调建立的铁路运输通道。2016年上半年，新增满洲里和霍尔果斯口岸，对中东欧地区的辐射能力进一步增强。“渝”指重庆，“新”指新疆阿拉山口，“欧”指欧洲，合称“渝新欧”。

它的观赏性远大于功能性。它成了“老重庆”心里的记忆：

“现在可能大桥起来，方便了。”

“很多年了，这个索道。”

对于一座为地域所困的城市来说，“进来”和“出去”是始终的命题。打通一条新的通道，连接着的有可能是新的繁荣。尽管改变艰难，但是没有人甘心被世界落下。

与“渝新欧”发生关联的每一个人都为它骄傲，也心生前进的动力：

“我其实不怕工作压力，也不怕工作多还是少，你做了之后你会有成就感，是吧？你要有那种成就感。”

“该结交朋友的时候要结交朋友，该雄起的时候要雄起。”

“不要着急，不要急，慢慢来。”

“因为‘渝新欧’真的是一个新生事物。新生事物。”

成为南线欧亚大陆桥的新起点，参与到全球经济的中心，对于一座渴望奔跑的中国城市来说，也许，它需要的只是一点时间。

刘希拿重庆四处可见的隧道来比喻她和同事们正在经历的心路历程：

“其实就像过隧道一样，周围都是漆黑黑的，但是，在隧道的尽头也许有阳光在等着你，一定有阳光在等着你。”

□ 棒棒、过江索道、江轮、渝新欧列车共同组成了“重庆速度”的发动机。

追访 · 刘希 /

Q 渝新欧刚出现时，你是怎么去适应速度的提升的？

A 从每一件小事做起吧。还记得刚到“渝新欧”的时候，已在国有企业工作了10年，但“渝新欧”是一个崭新的事物，一种新的业态，一个对外开放的国际窗口。以前在国有企业的那一套传统的程序、流程、思维基本不管用，一切都要从头开始。从一张名片、一封英文信函、一份ppt汇报材料开始。所以，如何更快地适应这个环境，跟上这种变化成了当时我们这拨第一批进入“渝新欧”工作的人所要面对的问题。当然，第一，是要有学习的态度，学习并尝试各种未曾在以前工作中出现的事物，一切都要靠自己摸索、对比和总结。第二，还需要有一个开放的心态。承认并面对各种不足和压力，很多时候我们需要互相鼓励，但重要的是自己需要有面对不足的心态，克服压力的勇气。第三，提高效率。在“渝新欧”工作，节奏非常快，决断力和执行力显得尤为重要。没有人会等你，时间过了，事情就过了，所以每一个人都需要提高自己工作的效率。

Q 渝新欧给你的工作甚至人生带来了怎样的挑战和革新？

A “渝新欧”是一个开放的国际平台，同时也是一家创业公司，在这里工作越久越深，越能够体会到这一点。一方面，作为一个国际平台，工作中打交道的公司也好，政府也好，涉外机构等，层次都比较高，面都比较广，人员素质非常高，参与各种事项以及和他们的交流，对一个从小在国内长大，又成长在体制内的人有多大的冲击，有多少新的东西，真的会有“这个世界是如此大”的感受。这种感受是欣喜的，是有趣的，它可以引导你，让你更努力，更有开拓的欲望。另一方面，“渝新欧”也是一家创业公司，其中的艰辛也只有经历过的人才能深刻体会。不管“渝新欧”面对何种的争议，面对何种的艰难，它总是在进步的，每一年都有大的变化。从最初的班列运输到现在的产业链发展，虽然不知道它最终会成长为什么模样，但很值得期待。

5

从意大利都灵市区驶向北部郊区的路上，远处的阿尔卑斯山仿佛近在咫尺。长安汽车欧洲设计中心就坐落在这里。

总经理陈政枕戈待旦，随时准备迎接优秀的意大利汽车人加入。他和公司的 HR 面试一个意大利模型师：

“实际上我们对彼此的了解，已经有很长时间了。然后他还在长安已经有很多朋友了。”

“都认识。”

“而且我也听说他在都灵，相当于是最好的模型师了。欢迎加入。”

陈政对于“设计”的理解，与别人有所不同：

“设计它是无处不在的，你可以设计一辆车，可以画一张图，也可以设计一件事件，做一个事件出来，你也可以设计一个局，甚至把整个局势改变。fight for design（为设计而战）。做设计就像在与世界抗争一样。”

再过几天，这里将迎来一年的重要时刻。历经了 10 个月的紧张工作之后，他们必须要接受来自中国总部的最后评审。类似接受“审判”的过程让陈政五味杂陈：

“想要最好的，成本还必须低，时间还必须短，还必须满足那么多人的口味，实际上它本来就是在一个各种矛盾中间的平衡。希望每件事情很快地看到结果，而看不到结果，未知，焦虑。”

模型车间是让抽象的设计变成现实的地方。模型师们手中的车灯的闪亮配件，是组合成一辆真车模型的最后部分。在这里，人们在用意大利方式诠释着“慢工出细活”这句中国老话。模型师们有自己独特的排解压力的方式：

“有人吹口哨，有人唱歌，实际上都是试着让我们放松。”

欧洲人的精细、对于品质的孜孜不倦，让中国人颇为惊叹：

“中国现在的快、讲究效率，最主要的是解决有或无的问题。欧洲的话呢，实际上他们是已经有了，但是需要的是一种更精细的，到了一种对品质的要求的阶段。品质是需要用时间来打造的。”

尽管已经到了冲刺的节点，可手工大师们依然保持着自己的节奏。

有一个说法：德国的汽车制造世界第一，美国的汽车技术创新世界第一，意大利的汽车设计世界第一。如果说，别的国家有一种设计理论，那么意大利人则有一套设计哲学，或者说是一套设计思想体系。与其他国家相比，意大利设计既没有很强的商业味道，也没有一味地遵循传统，而是将传统工艺、现代工艺、个人才能、创新想法、新材料等融合起来。意大利人更倾向于把现代设计作为一种艺术和文化来运作，“艺术的生产（The Production of Art）”这个理念也成为意大利设计的口号，在那些别具一格的家具、汽车、鞋等设计上就是最好的体现。

意大利人设计汽车，从来不吝惜各种豪放、洒脱、性感的线条，有的时候甚至会让你觉得有一些浮夸。对！这就是意大利人对汽车设计的理解，从来不拘泥于条框，在日益千人一面的设计界独树一帜，造就无数经典，历久弥新。

优良的线条、性感的形面是意大利人设计汽车外形的时候总是不厌其烦强调的，注重线条的走势和穿插是意式汽车设计的传统，也是意大利人与生俱来的艺术特质造就的。

自认为“慢性子”的陈政有太多的无奈，生意、职场的紧凑感让他比成年人更早地体验到了时间的残酷，也让他不得不向员工们施加新的压力：

“我喜欢慢的东西，并不是说我喜欢快的东西，但是我说这句话的时候，所有的员工可能是不同意我的，你什么都要快，你什么都要快快快，而且什么东西都要时间至少减半地去做，但那个东西只是我急切地想看到答案而已。而我的白头发从 24 岁就开始有了，我也很奇怪这件事情。

到了这个场合，当我穿上这身铠甲的时候，我认为这是一个铠甲，有的时候我在想，我需要传递这种东西给别人吗？我希望他们能够感受到这种高效和快速的应答。

我甚至跟他们说，发脾气是有策略的，生气只是我的一个手段，我想传递的是一种压力。”

每个人的抗压能力有所不同。设计师苏比克认为压力就是动力，而且，他认为新生力量会给自己带来蓬勃的成长空间：

“如果你进入了一家品牌塑造成熟的公司，比如说奥迪，你看得到你在那会做什么，品牌已经有了固有形象，一切都设计好了。那就没有多少机会给我了。如果你选择去了‘长安’，意味着你必须要换一种思维方式，并且接受挑战。对我来说，这是个非常大的机会。”

打造世界一流汽
the World's Leading

□ 在静谧的阿尔卑斯山脚下，陈政带领一批意大利汽车人制造着加速度。与时间赛跑，不仅是他们设计的汽车产品的性能体现，也是他们职业生涯的终极追求。

在长安，一个年轻的设计师可以亲自参与一个品牌的构建，这种吸引力难以抗拒。但是，对于十分不擅长标准化和按部就班的意大利人来说，接受挑战的同时，也意味着要适应中国管理者的急迫心情，并且要承受时间成本的压力。

陈政很自信，中国速度让意大利人大开眼界并为之折服：

“我们做那个车的时候，完成了我们的模型之后8个月，他们有一次去重庆出差，居然看到了这个的样车，工程样车可以在路上开了，这是不可思议的事情，正常理论上一般是16个月。他们每次去了中国，回来都津津乐道很多事情，不可思议，就是发展速度太快了，半年前这个地方还没有楼的，结果半年之后一来，怎么一栋楼就在这儿啊？这种事情在意大利是不可想象的事，它的建筑几百年都没变过。”

2008年，金融危机席卷全球，却给这家中国公司带来了契机。当生存危机到来的时候，人们不得不面临新的思考。出于对中国经济形势的信任，一批出色的欧洲汽车设计师，选择了这家中国企业来实现对于设计和生存的理解。

都灵是一座汽车之城，这里一半以上的人口都与汽车业有关。曾经的菲亚特帝国已经度过了鼎盛期，而现实让人们必须作出调整。

波河静静流淌着。这个硬朗的老牌工业城市，正在经历自己漫长的蜕变。

必须经受的巨大压力，让这个年轻人身上充满了矛盾：

“我觉得我们每个人都是商人。我们每次做任何决定，其实都是在计较着付出与收获，是否有营利。为什么我们的评审这么重要，我们两三个月的工作，那么多人的心血在里面，可能就为了那么1个小时的评审。”

人力部门的香港人宝玲，要在中国管理者和意大利员工之间周旋与平衡：

“时间是金钱，香港人以前常常都这么说的。对生活的要求，他们（意大利人）是很不一样的。他们会觉得，工作跟生活之间一定要分开，一定要有一个平衡。遇到加班，他们有些时候很高兴，因为很快就看到这个成果。但是一方面就会说，这样加班是不行的，意大利不能够这样。一边他会做，但是一边他也会说。这个是意大利人的一个很有趣的地方。”

在汽车设计师胡健眼里，设计跟生意一样，充满了强烈的目的感：

“如果我是在创作一个雕塑作品，我可能就真的不知道哪一天能够做出来，但是我在设计一台车，我必须在一开始就要明确告诉自己，我们要在几个月之内做到这么一个程度，然后再来谈怎么达到这么一个目的。它做的是生意，生意的目的性也很强，设计的目的性也很强，都有目的，很清楚的目的。

其实你看经济都这样了，我也没看出他们

多着急，这就是自然规律，社会发展它有它的规律，该怎么着，它就会怎么着，完了以后它发展到什么阶段，它就出现什么问题，都一样的。

只是说现在这个时候，中国慢了一点，刚走到这个阶段，人家已经走过去了。淡定一点，不用那么着急。”

所有在意大利的“长安”人，终于迎来了接受检验的日子。

意大利人有深厚的技术底蕴，中国人有高速成长的市场——资本在合适的时候将他们连在一起。

在评审这天，“长安欧洲”郑重地谢绝所有访客。如果评审顺利的话，他们将迎来一款新车型的诞生。

过程让陈政成长迅速，对于速度也有了更新的理解和感知：

“这一年很艰苦，我们的目标达到了。

就在3年前，我还对别人说，速度快一点，可以把所有的问题、所有的危险都甩在后面，不是我要追求速度，我觉得我跑到最前面了之后，我的危险就会少很多，我把危险全部抛在后面了。现在我不这么认为了，形势发生了变化，解决不了，也许慢下来是一种解决办法。

每一天都过得很快，只希望每天过精彩吧。”

胡健认为，与时间赛跑，让人寻求到了扎扎实实的存在感：

“大家其实都在不同的层面上跑，在追求自己的那个目的。在跟自己的那个时间斗争竞赛，时间它就在那儿跑，它就在那儿响，它有很多种办法让你觉得，太阳起太阳落，它让你看到你自己容貌的一个变化，OK，我存在。”

抗议高铁的旗帜在圣卡罗广场上飘荡了10年，这个国家有条不紊地拖沓着。这群中国年轻人在意大利的收获，也许会在未来显示出更加长远的影响。

□ 斗南是一个“花花世界”，这里的房地产广告都仿佛散发着花的芳香。

我导·我说

与全世界做生意

A BIZ DATE WITH THE WORLD

2013年3月6日

早上驱车前往昆明呈贡区的斗南花卉市场。老的花卉市场就是个大的集贸市场，给买卖双方提供了议价交易的场所。

白天的斗南市场里零星散落杂花，一派萧瑟。在市场外北侧的过道里见到了正在分装打包康乃馨的一位哈尔滨来的大姐，她在斗南已经待了16年，每天早上三四点钟进场买花，上午九十点钟打包分装，将花发往下一站。虽然不太愿意理我，但还是在三言两语间展示了自己的见识。她说鲜花这档生意比股票还玄乎、还难拿捏；自己干了这么多年也不敢说大话，还是相信点“运气”的；她笃信现款现货，有了订单这边才跟进。大姐有自己固定的供需渠道，这种牢固是靠信誉成就和维系的。

第一次交谈，对花的生意越听越糊涂，但也隐隐感觉到这种拼时效的生意在短短七八天的周转里充满了不确定和玄机。似乎确定，这大姐应该是鲜花交易链条里的二道、三道甚至四道贩子。旁边如山的康乃馨花梗里，有很多鲜花被抛弃在里面，心疼之后不免啧啧，这就是鲜花成堆的斗南。

卖花这生意很辛苦，首要问题是倒时差，人们都说没有睡够的时候。

外面的小路上，很多人用小铁车拖着鲜花，赶回临时的家。市场周边有很多简陋的水泥棚子，往往一家几口挤在里面。花被堆在露天的墙根下，铺上塑料布，把它们插到水桶里就又能活过来了。在北方金贵得不行的鲜花，在这儿就像论堆卖的大白菜。

市场外是借由鲜花衍生出来的各种行当，卖瓦楞纸的，捆绳的，礼品包装纸的，还有小型的物流店。旁边一辆正在用鲜花装饰的婚车，百合做成的龙的造型盘在车顶上，衬出新郎和伴郎的意气风发。据说这一辆花车才1000多元，一个车队用花装点完也就2000多元。

后面是连成串的工行、农行、建行的小门脸。招行几次想插驻进来，因为位置太紧张而无果……

斗南市场的火热期在8月至来年的4月之间，北方的冬季，正是斗南的热季。

实际上，云花出口的比例只占了云南鲜花产业的区区1%。除了研发力度不足造成缺乏竞争力、好的品种几乎被国外垄断之外，鲜花的成活率和优质品率都不高。品质是制约出口的门槛，也就是说，种植技术的提升是最迫切的问题。

2013年3月7日

斗南官方给我提供的唯一一个“模范典型”示范户是40多岁的张跃龙。张总是家里的独生子，会做一手好菜。

张跃龙在下午3点出现的时候，真是一身淳朴的农民气息，外加酒气。刚从昆明送完去重庆当兵的儿子，他似乎还有些惆怅，嘴里不停地念叨说：“现在的社会不就是这样么，你不上下打点一下，人家会看不起你的……”

几百亩的大棚全部覆了黑色的地膜，隔离病菌，冬季保温吸热，又不生杂草。棚里还有相当高级的滴灌设备，真正做到水肥一体，每天只滴8分钟，每株鲜花只喝这100多滴水。这是设施农业的好处，让成活率从70%提高到了95%。

他到英国人的鲜花大棚里偷学了这套设备技术，觉得人家能弄好的，自己也一定行。

张跃龙的花看着确实不错，饱满有型，没虫。他说那些日本的、韩国的、俄罗斯的回头客径直到他的地里谈生意。他的花都是从地里采下来后直接被空运走的。他还知道日本的“鬼节”、俄罗斯的“妇女节”等各种节庆，不论中外，都是生财的关键点，所以花开的节奏也要随着这些时间点进行调整。

我觉得，这个农民有眼光、有野心、有聪明劲，他说，自己的康乃馨要做昆明最好的。

晚上9点，从山里回到斗南，我跟着彝族人茶总去老市场旁边的新鲜花拍卖大厅踩踩点。远远见到一层的花库就给震住了。轰隆隆的花车接连驶过，上面满是塞满各色鲜花的橙色桶子。到2楼俯瞰下面活动的车、小小的人，一切井井有条得像超市的卖场一样。

走进像阶梯教室一样的拍卖大厅，所有的细节都和传闻中的一样：完全看不懂的电子大转钟，飞快闪过的红字，不知所云的名字、代码……因为拍卖师的声音是通过耳机传到座位上的竞拍者那里的，所以场面安静有序。人们拿着卡、小票、密密麻麻写了很多信息的小纸条进进出出。我各种不明白，唯一记住的是鲜花的拍价是从高到低的。这和其他传统的拍卖不同，为的就是让品质最好的花在第一时间最快地流通出去！

眼前的小女孩大方爽朗，说话刹不住闸，她从安徽来，常驻在这里，拍花后再发给在上海开婚庆公司的姐妹。因为是自家的生意，姑娘选花格外认真。她一堆话的大意是：拍卖市场这一套流程规则相当考验能力。需要对行情熟络，对品种了解，对卖场熟悉，还要细心、有眼光和决断力。总之，不栽几次跟头，不遇到好人指点，很难出师……

交易后的她拖着拖车走进夜幕，为凌晨发货去机场做准备。姑娘为小小的家族事业在遥远的云南打拼。这一年里，她倒是摔摔打打地成长起来。

凌晨 1 点半，斗南的街上被各种汽车的发动机声轰炸着，那些运花的车早就排起长队了。

晚上的花市和周边彻底变成另一个样子。白天的小商小贩早就消失了，路边是不见头尾的卡车、面包车，车厢里满满塞着花。

尽管有充足的心理铺垫，但走进老市场后，还是被震撼了。空间被花车切割成走道和花道。拿着手电的买家很神秘地在花丛间晃来晃去，据说这么一晃，成色呀，紧实度呀，颜色呀什么的，就都看明白了。

人声鼎沸中，手中的人民币被摇来摇去。

最大的 2 块花阵，玫瑰和康乃馨还交易得如火如荼。还有 2 天就是教师节了，玫瑰和康乃馨要搭上最后这班车，卖个好价钱。而一些草花和非洲菊的行情不是很好，勿忘我这样的草花被成捆扔到秤盘上论斤买卖。

无论是买还是卖，这里大多是“经纪人”，做的是第二、三手的交易。交手在瞬息之间，可能两三分钟的耽搁或是判断失误，拿到的花价就不一样了。这种买卖双方间微妙的博弈日复一日，有升有降，有赔有赚，熟手们心态平稳，觉得买卖持平就是赚到了。

起风了，和北京差不多一样冷了。我来到外面路边的花车旁，没什么人愿意搭理我。黑咕隆咚，我看到有手电在车厢里照花，简短的攀谈砍价，交手都迅速，感觉像江湖高手过招。其实，一手的花农和“经纪人”的交易是在这里发生的。花农很难，也没有精力在大厅里打仗，他们等，等到交易厅内一个相对合理的行情报价出来后，只要还满意，就在路边交易了。至于之后他们的花会被“经纪人”拉入大厅，继续转两道甚至三道手去抬高身价，那就不是他们所关心的了。花农们期许的部分在场外路边的黑夜里就已经结束了。

隔壁，在凌晨 12 点前还灯火通明的新拍卖市场里已经人去楼空，只剩一户买家借着广场上的余光打包。看到了传说中的把花“榨取到极致”的景象：溢出半截纸箱的玫瑰在铁板、捆绳和类似千斤顶的工具的帮助下，居然硬被塞进箱子里，鼓鼓囊囊地捆上了。据说这是对鲜花的保护，免得在运输途中被更野蛮的物流颠簸摩擦损坏。我觉得这可能更是一种无奈，对于计件收费的航空运输来说，只有这样才能把成本降到最低。看着鲜花被这么折腾，我有点百感交集。

凌晨4点半，我困得睁不开眼了，据说交易会持续到早上七八点钟。看看时间，现在已经是3月8日了。

10点，我草草洗漱又回到老市场，一片狼藉里，谁也想不到夜里的沸腾。收拾花梗的车，堆得冒了尖，这也是衍生的行业。据说这些康乃馨花梗牛特别喜欢吃，还会增加产奶量。一个角落里，非洲菊被成扎地扔下了。因为国人对菊花根深蒂固的别扭成见，在国外走中高端市场的非洲菊在中国总是火不起来。因为卖不掉，它们甚至就这么被扔了。

我捡了一把花，不知该说点什么，走了。

2013年3月8日

早上，接上香港“缤纷花卉”的赵祖昌后，往东上高速出发了。小伙子是沈阳农大毕业的，刚25岁。从他那里得知，香港的家族企业“缤纷”已经应对市场，把战略方向的重点放到了种苗的培养和新品种的繁育上了。

中午11点到了宜良县的黑山村。这里是苗木花卉的传统基地，一路上都是绿色的苗圃和绚丽的紫红色三角梅。小小的农场里全是年轻人，大都是农大毕业的学生，据说不久前刚迎接过一次小型的集体婚礼。

赵祖昌把我们带进了高大的荷兰式鲜花大棚，漂亮啊，各种从没见过的非洲菊艳丽极了！这里是非洲菊的品种测试基地，所有的品种都是缤纷的原创作品，只能出现在缤纷的销售网站上。

我听说，采摘之后的鲜花，如果在3天之后还没有在网站销售出去，就会被销毁，绝对没有余地。

在这里，我还听到了鲜花行业的另一面，尤其是和物流有关的令人咂舌的真相。由于一线城市的物流垄断，云南那些最优质的鲜花竟然硬是进入不到像北京这样的大富之地。你能想象吗：发到上海机场的鲜花居然只能由一个叫“江云华”的人提货；而北京的空港鲜花物流则被“莱太”垄断着，也就是说，甭管是谁发到北京的鲜花都一定要经过“莱太”的手才能到达客户手里……

物流成为制约鲜花产业的巨大困扰。而最后，大棚里的一位姑娘用一句感慨结束了所有的话题：

“鲜花一路上燃烧的都是它的生命啊！”

2013年3月9日

早上8点半，“锦苑”专门负责物流的汪总大概介绍了一下出口泰国的鲜花冷链在昆曼公路上的运输流程。鲜花在斗南这边装车；大概在十几个小时里走完640多公里的行程；到达磨憨口岸后过关出境，进入老挝境内；再在5公里之外的墨丁货场，和来自泰国的货车进行交接。在那里，中国的鲜花被卸下，再装到泰国的货车上，被泰方的合作物流运进曼谷；而从泰国运来的水果或者兰花被装上“锦苑”的冷链车，被中国的司机运回到国内。

汪总不无遗憾地说，本来“锦苑”投重资修建老挝的墨丁货场，就是想让冷库集装箱能够做到整箱的吊运分配，实现真正意义上的无缝连接。但是，有那么多政治政策上的原因，让这个愿望没法实现。严格意义上说，老挝是昆曼冷链上的一个旁观者，在中、泰两国之间只是被取道的关系。但是，老挝当然会心有不甘，于是我们许诺他们一些甜头，把货场建在了老挝境内。这样一来，来往货车司机的食宿以及车辆保养让老挝也有一些利益可赚，它就能比较顺畅地放开这条通道了。不知我这么理解是否太儿戏，不过有时觉得国际事务也还挺像小孩子过家家的。

10点钟，我们向磨憨口岸出发了。沿途的公路上，一辆被撞得面目全非的大客车陈列在路边警示过往司机，旁边写着：“多拉快跑，凶多吉少！”

在经过普洱之后，路上叫“勐*”的地名就越来越多了。过了版纳之后，就驶出了严格意义的高速公路。剩下的200多公里道路才真正称得上是“凶险”，尤其是英勇无畏的“宇司”，有好几次强行逆道超车，我都以为必死无疑了。晚上将近8点，在天已经黑透了的时候，历经了10个小时的长途驾驶，我们终于到了磨憨。

“锦苑”在磨憨的负责人黄玉昆尽了地主之谊。小黄已经在磨憨安了家，老婆是本地的傣族姑娘。

这一晚印象最深的是关于湄公河上的传说。湄公河的关累口岸就是小黄的上一个工作地点，提到去年的湄公河惨案，他说甚至连那一船的船员都是认识的。比起我们这些隔着几千公里窥视的看客来说，他们才是那个真实事件的亲历者。

当然还有最要紧的部分，从7月到10月，陕西的苹果、新疆的葡萄、蒙自的石榴，都会汇集到这里再转运出去，那时候口岸最热闹，冷链车只有不够用的份儿……

磨憨的中干道上安安静静，清凉的风没有热带的燥热，漫天是清秀极了的星星。

模糊中，透过庄严的国门，我望向无尽的夜色。

2013年3月10日

早上6点50分，天还是黑的。一辆接一辆巨大的箱车靠路边停着，等待天亮后第一班的过境。国门在几十米外的浓雾中静立，那里就是“磨小”公路的终点。

磨憨很美丽，这个山洼中的小镇被植物挤满了。路牌上标明这里是“东盟大街”，两边的广告牌上豪气冲天地写着类似“打造国际口岸”的广告语，让你得悉磨憨的大追求。几乎所有的标识上都会有中文、英文、泰文和老挝语。路边的店铺多是物流和贸易公司，间或能看到货币兑换的门市。

只不过二三十分钟，这里已经渐渐苏醒了，马路对面一家四川老板开的早点铺冒着热气。

来到国门右手边的海关过境大厅，看到台阶上陆续有人赶来聚集在玻璃门前。我和一个落单者攀谈，得知他们是周围小贸易公司里专门负责通关的代理人员。小伙子拿出自己的蓝皮护照，上面已经盖满了印章，每天2个章，一枚中国的，一枚老挝的，几乎一个月就要换一本护照。

8点整，国旗在国歌声中升起。我不禁站直，朝她行注目礼。

旁边是一个欧洲小伙子，是精瘦的单车旅行者，装备齐整。一个迷彩装束的黑瘦男子正在和来搭讪兑换老挝货币的女子讨价还价。从天一亮开始，这种兑换货币的小商业活动者就都纷纷出动了。

8点半，海关的人越聚越多，里面裹着大小包裹，都是过境做小买卖的当地人。大门打开的时候，人群呼啦一下子涌入。最后面的是在海关上班的姑娘们，拎着汤汤水水的早点，踩着高跟鞋，穿着超短裙，很是摩登潇洒。据说，磨憨这里的消费水平相当于昆明。

那个之前攀谈过的小伙子在第一波人群里冲了出来，手里盖上了今天的章，跑到自己的车上，向前面的国门驶去。他一天要往返2次，把空车开到老挝，拉上货之后再带回磨憨，这就是当地特有的代驾司机群体，他们的生意就是这样在国境线两边的往往返返。

小黄花了50元钱替我领了小胸牌，这样可以出关到对面的界碑那里做个短暂的到此一游。第29号国界碑立在几十米外，这面是中国国徽，那面是老挝国徽。向远处望，金碧辉煌的老挝传统式金塔大门立在那里还没有启用，据说也是中方替他们修建的。而老挝真正的海关办公地是远处那些简陋的小蓝房子。再往西南五六公里，就是墨丁货场了。所有的实质性的装卸都发生在那里。

因为是淡季，进出海关的货车不是很多，对面运送香蕉的车辆几乎不费什么手续就过境了，那是“边境互市贸易”的受益者。

上午10点钟，当我们的车开始返程时，磨憨已经是日头高悬，无论是天气还是人气都是火热的。

小黄不经意冒出了一句“过客”。的确，这里的人都是过客，忙着从这到那儿，再从那儿到这儿。

2013年3月26日

早上出门，总是雾蒙蒙的重庆居然露出了太阳。陡坡上的道路；复杂的路牌；高楼缝隙中的植物；挑担子的棒棒；还有拿着小面兀自前行的上班族……一切都很有生气。

见到了重庆市物流协调办公室的胡红兵、周树林，“渝新欧重庆物流有限公司”的刘希，中铁联集重庆分公司的邓蕴倞。沟通了近2个小时，他们都是为“渝新欧”真正上心的人。

周树林说，是产业转移的要求促成了“渝新欧”。当时他们也是有了想法，就开始在地图上画线找铁路，一拍脑门就有想法的样子。

胡红兵说，当初“物流办”没有被设置在交通部门而是安排在经信处，这是重庆政府的大眼界。但是一群一穷二白的人，就这么从无到有，在2年时间里就把“渝新欧”弄成了，真的是件超级不可思议的事。

邓蕴倞说，她刚跟这些从各个部门调来的“精英外行们”接触的时候，完全没法想象这是件靠谱的事。可最后，没想到都成谱了。

刘希说，每一列国际班列发出前，所有的细节要事先跟各个途经的国家核实、通报。包括多方的国际洽谈会，沟通商榷的过程都是在电话会议上完成的。这种跨时空的联合也充分体现在现在通信手段的多元化和变通上。

据说，从欧洲的许多铁路组织那里反馈回来的消息是，“渝新欧”班列是一个很成功的案例。那些国外的铁路组织觉得，它是真正在为铁路通道的畅通解决问题。

依我看，“渝新欧”的神奇之处在于：重庆市政府、铁道部老大和海关这3个大官僚部门居然迅速拥抱，整合孕育、催生出了这条国际通道。这才是中国令人侧目的速度事件。

嘉陵江畔，崖壁上的新型吊脚建筑群已经成了彻底的仿古商业建筑群。远处，解放碑的顶尖上，“东南西北”的风标固执地指着方向，让人若有所思。

2013年3月27日

本来准备好的九龙港的调研被改成顺着长滨路找老码头。这可让我犯了难：这些巨大的陡坡路呀，手动挡的车可怎么开？

白象门、化龙桥这样的老地段都看过了。和所有的老物件一样，它们暖融融、臭烘烘的。那些新的和老的就这么挤着，长在一起，谁也不嫌弃谁。

在将近终点的时候，索道高悬头顶。缆车、飞机、摇摇欲坠的老黑房子和笔挺的新楼在眼前交织。只有重庆才有这样的景象了吧？

中午，地铁1号线倒3号线，转886路在江北区的高新园下了车。

“渝新欧物流公司”就是一个政府催生出的部门，它流着中国体制的血液。虽然也叫“公司”，但是“公司”原本该具有的原生态气质、追逐利益的单纯天性，在“渝新欧物流公司”里显得那么羸弱。好在它年轻，并且有同样年轻的中坚力量。

观摩了一眼“渝新欧”物流高层和俄方的一次电话会议，会议之前那个用俄语和中文轮番插科打诨、暖场的胖小伙子令人印象深刻。青岛小伙子王景伟今年27岁，是操作部的副经理，到今年3月为止，在渝新欧工作已经满1周年。他和“渝新欧”的缘分相当传奇。“渝新欧物流公司”在工作初期需要俄语背景的工作人员，于是聘请了一个外语学院的淄博姑娘。不久后，姑娘要留校工作了，就介绍来自己的男朋友，不仅俄文熟练，并且有将近10年的在俄罗斯学习和贸易的背景，这就是王景伟。

谈到在重庆安家立业的决心时，山东小伙王景伟说：“听不懂说什么，吃不惯睡不好，工作上定不了位，这不都是压力……”

可不，对于每一座城市，你只有深入进去，才会切肤地感受到它的心跳和温度。

2013年3月28日

地铁1号线坐了14站，在赖家桥站下车，出站就傻了。如果只按百度地图上的提示，估计我一天也找不着终点。

指路的姑娘很好，分得清是279路而不是278路，指着远方大桥下的废墟和黄草坡说出了标志性的“建筑”和关键的“拐点”。零星几个人聚在乡村公路边上，那就是隐形的站牌“铁桥站”或是“三圣小学”什么的。

279路乡村公交来了，竟然还有1.5元的车票。颠了挺长的一站，到土主站下了车，一位好心的大哥帮着叫了辆摩托车，直接杀向一马平川的物流园区。

“中铁联集”的二层楼就在巨大的货场旁边。一身白裙的邓蕴倞迎了出来，引荐了很有亲和力的王总，以及据说看过了7遍《舌尖》的张总，又是一番对我们未来这部片子的语无伦次的肺腑表白，实话说，再这么呕心沥血的白话几次，我就要完了。

探讨到一些实质的问题，比如他们有没有意识到深植在骨子里的那部分铁老大的优越感。感谢王海翔的坦诚回答，让我感受到真诚带来的正面刺激。第一次从一个有智慧的年轻铁路人嘴里听到对中国铁路部门的中肯解读。王说得对，这毕竟是一个安全性第一的体系，注定要有一堆的规章制度来限定规则从而保障安全，所以，铁路系统是半军事化的，是缺少变通的，是刻板的。但是，面对今天的国际市场，他们也在艰难学习，针对客户的需求进行调整。

这毕竟是个国企，从他们推荐的采访对象可见一斑。

内勤部的杨政，44岁，半个重庆人、半个烟台人。都说重庆的居家男人以做得一手好菜为荣，那是一种生活的态度。杨政嘴边说得最多的是“希望”，对生活的希望，对铁路的希望。

外勤部的杜青松，36岁的大男孩。对铁路的印象是，上学时从重庆到四川，回一趟家火车要12个小时；成渝铁路修通后，车程变成了3小时。

小杜是铁路子女，选择到铁路工作是因为家里人都在铁路上。他比杨政更像老人，淡淡抱怨：“原来的同行下了海都比在铁道上过得好……”，不过，他倒是很懂得自我调节：“就这样吧，反正我喜欢稳定。”

24岁的门吊司机郑雨双。18岁参军的小伙子，被同伴们推进来的时候，不由自主地捋头发帘。小郑也是铁路子弟，听着火车呼啸而过的声音也可以睡得很沉。郑雨双是从“社会”直接招聘进“中铁联集”的最年轻的一拨孩子，他承认，“我念书不行才当的兵”，“我们城里孩子怕吃苦，拼不过那些农村孩子”，“我们这行得坐得住，我平时嘻嘻哈哈，但在门吊上是很认真的”。描述自己和铁路的关系时，小郑说：“那是缘分，是扯不断的缘分……”

经过张总的沟通，我在下午5点登上了由团结村编组站开过来拉货箱的内燃机车头。

44岁的司机于亚刚刀子嘴豆腐心，他的老搭档陈功德再过3个月就要退休了。在我看来，于师傅不像个司机，倒更像个老文职干部。我第一次看到火车司机的工作，第一次看到火车驾驶室里密密麻麻的仪表按钮，还有火炉上那壶烧开的水。司机师傅很认真，那种令人熟悉的老国企工人慢悠悠的认真。我有点为这种渐渐远去的气质莫名伤感。老驾驶室依旧整洁，但是行将退役。于师傅道别的时候说：“下一回我得学好普通话了，呵呵。”

夜幕下，门吊上的十几盏巨灯照亮了集装箱群，真是壮观。地铁外的空旷和天上的阴云相得益彰。顶着惠普标识的大方块楼就在前方，而富士康应该在更深的地方。

新修的公路笔直乌黑，上面有小车、小人儿在移动。一会儿，我就将成为公路上新的小点儿。

几天下来，和我想象的如此不同，“渝新欧”太复杂、太难驾驭。我要好好想一想这道难题。

2013年7月29日

飞机在宝安机场的跑道上减速滑行的时候，右侧停机坪上，喷涂着明显logo的顺丰飞机就在那里，后面的平顶建筑也是SF，瞬间激动，没来得及拿出相机拍一张。

旁边紧邻着的是中外运敦豪DHL，然后是联邦速递FedEx。在国际物流大佬旁边的顺丰，略显单薄，但是雄心勃勃。

2013年7月30日

下午见了顺丰的几个外籍员工。意大利罗马小伙孟泰峰，个头像中文名字一样高大；意大利南部姑娘丹妮，南方的精致五官和白皙皮肤，小巧玲珑。然而，很奇妙，大个子的泰峰更单纯和腼腆，小个的丹妮却理智、略显冷峻。

话题一开始是沉重和略显拘谨的。实话说，两个人的中文表达都让我惭愧不已。

俩人的背景很像，都在意大利大学本科后选择来在中国进修研究生，并且都选择了贸易金融。一个在五道口的语言大学，一个在魏公村的北外。所以，泰峰在谈起“五道口儿”的时候还充满感情。

他们对于“为什么留在了中国，在一个有这么鲜明中国特色的公司里工作”的回应是混沌的。

丹妮的大意是，如果她选择留在中国，当然就选择一个纯粹的中国公司融入，至于为什么是顺丰？为什么是快递公司？她似乎并没有太多的感受。我觉得，顺丰是干什么的于她来说并不重要，关键这是一家中国公司就行。

泰峰终于打破了猜谜游戏，说出了“安全感”。原来，有那么多西方人在中国的公司里没有安全感，他们没有“visa工作”，那些中国的外企是不给外国人承诺长期visa的。实话说，我没太理解，也很惊讶，原来得到中国的visa、合法工作身份，对于一个意大利人来说也并不是件容易的事。

泰峰说：“顺丰还给我们一个月的免费酒店，不让我们为那些琐事操心。”这些应该都是他对顺丰的理解，很现实，很坦诚。

当我再一次追问“你们到底为什么选择了顺丰”时，丹妮有力地回答：“不，应该问为什么顺丰选择了我们……不是我们选择了顺丰，是顺丰选了我们！”

是啊，两个意大利人，语言沟通尚有障碍，也还没具备实质性的业务能力。为什么顺丰选择了他们呢？

丹妮说：“因为我们不一样。因为我们的国际经历。他们做完了判断，会听一听我的想法，因为我们是西方人。”

泰峰也做了相同的补充。虽然他强调这只是他的feel，不是顺丰真的明确了这样的原因。

你看，这就是两个西方头脑对这件事的判断。丹妮很确定地说：“我们是有特色的外国人，顺丰要从我们身上学习东西！”

学习什么呢？或许可学的，可借鉴的，就是从另外一个文化体系的角度来评价和审视自己文化的价值和判断标准。这也是我的假想，我的feel。

当我说顺丰有可能会在将来把快递生意做到意大利、做到欧洲的时候，他们很可能成为被顺丰中国化改造后的意大利本土推行者的时候，泰峰和丹妮都没说什么。

泰峰终于自己把话题带到了“中国特色的企业文化”上。

他含糊地绕了几圈：“顺丰当然有很多好的地方……但是也有我不喜欢的，比如爬山。”

然后，丹妮瞪了泰峰一眼，但是并没能有效阻止。

“在我们欧洲，就不会强迫你和那么多人一起爬山，我不想爬就可以不爬，那是我自己的事。但是在这里，他们就会说，那样不好，不团结……”

我“安慰”他，这就是中国人的“入乡随俗”。

但是丹妮，她可不这样认为，丹妮强调“在这件事上，我跟泰峰的感觉不一样”。

丹妮说：“我选择一个纯粹的中国公司，而不是一个外企。这是我的选择，这个选择就决定了我要适应这个公司，去做相应的调整，而不只是排斥。”

我问：“如果顺丰在意大利开店，原封不动地把中国本土的管理文化带过去，这生意会做得怎么样呢？”泰峰立刻举一反三：“那它也得入乡随俗了。”

当话题放轻松，回归到吃的问题上时，泰峰和丹妮都露出了最纯粹的表情。我想起人们常说的，这是两个多么相像的国家啊！

2013年10月24日

今天与意大利长安设计中心的陈政进行了1个小时的电话长聊。出人意料，与重庆长安本部的国企范儿相比，这个在意大利独挑大梁8年的33岁的“设计管理者”是个奇葩——个性张扬、表现和倾诉的愿望极强，从主观上来说，对拍摄不抵触、有设想，如果能把紧方向不被他带跑了，应该是个很好的主人公。

回想一下，陈政在某些点上的表达令人印象深。

“设计”与“商业”——“汽车设计是商品，但是它讲感觉，模糊，暧昧，有人文性。如果不能成功转化成为商品，那么作为一个汽车设计师的成就感也就不会那么强烈了。”

“关于长安在意大利的设计中心到底是怎样一桩和世界发生关系的生意？”陈政一再强调，那不是很多人认为的赤裸裸地去意大利“买设计”；也不仅仅是一种“合作”的关系；陈政坚定地觉得自己用看似“慢”的方式找到了中国汽车“自己做”设计的一种方法，它有可能会成为一种“新的商业模式”。虽然三言两语间我并不能很理解里面的深意，但直觉认为这是一个可以挖的点。

关于陈政的经历，亮点颇多：学习机器人设计，在领导身边做了13个月的秘书，思想发生重大转变，纯粹以爱好为目的，选择了从头开始学习“汽车设计”；只身来意大利开辟战场。极其执着，被中国同事定义为“异类”；如今以设计者自居，仍然保留对设计的痴迷，辗转于日本、意大利和中国的设计中心；在国内开会时，最爱和同事倾诉，说自己的身体里积蓄和交织着“日、意、中”三种文化理念的冲突和碰撞，而自己要找到折中点，要做“全球整合”……虽然内容像吹牛，但是表达得很真诚。

对于时间和效率的理解，对于我提出的为什么选择“意大利——中国”来承载“快与慢”的思考，这个年轻人心领神会，自有一套表述。

“汽车——速度——设计——时间——意大利——经典——效率——中国”，想想这些点，还是挺有意思的。

第四集导演　马羽洁

对于泰峰和丹妮来说，影响和改变已经不知不觉地发生了。

>>>

孟泰峰念“尊重、认真、团结、奉献”的中文发音更标准、更流畅了。
他认为，在美国、意大利、欧洲，在各个地方，
如果有这些信念支撑，人们的工作会更好。

>>>

丹妮也已经习惯了加班。
经过观察，她觉得意大利人和中国人有一点很像，都喜欢美食。
她觉得，中国已经成为她生命的一部分，
如果没来中国的话，她可能是另外一个人。

>>>

一列列满载的列车缓缓驶出重庆西站。
“渝新欧”专列一路向西，让我们祝它好运。

>>>

国庆节，斗南的拍卖师们聚在一起，参加同事小毛的婚礼。
隆重的婚宴上，人们的笑脸和幸福像花儿一样盛放。
而在离他们不远的斗南的花圃里，
幼苗将会长大，绽放花朵，让人们的世界更美好。

>>>

跟时间有关的事情，有时要急，有时要有耐心。

第四集

光源

第五集

大生意

13 亿人的生存压力和对美好生活的向往，正在制造超级生意。
走向繁荣的道路充满艰辛。
世界级的大生意背后，隐藏着无数普通人平凡而热烈的生命故事。

1

每一个清晨都是相似的。不同的是，这里是中国最富裕的小城市——义乌。100 名亿万富翁和 5 万名千万富翁开始了他们新的一天。当然，和普通人一样，他们的一天也是从家里的一顿早餐开始的。

吴香娟催孩子加快速度：

“快点吃，吃完了，跟妈妈去市场上。”

在旁边，吴福斌也跟着帮腔：

“快快，抓紧时间。”

7 点 30 分，吴福斌和姐姐吴香娟走出家门。此时，整座城市几乎一半的人口，开始向同一个地方聚集。

这个地方就是国际商贸城。这是一栋花了 10 年时间才修建而成的巨型建筑。里面的商品比大多数人一生中见过的还要多，有 170 万种，它们已经出口到了 219 个国家和地区，只差 5 个国家就可以覆盖全球。

上午 8 点，各个小商贩先后拉开了自家店铺的卷闸门，开始迎客。

吴家姐弟共同拥有一间 10 平方米大小的店面，这可能是中国最昂贵的 10 平方米。2011 年时，他们花费 800 万元人民币购买这间商铺，用来销售几块钱一个的冰箱贴。

这天，一个外国商人来到店里，向吴香娟询问情况，两人中英交杂地对起话来：

客商：有没有现货？

吴香娟：什么？

客商：现货，have stock ?

吴香娟：哦，have stock，现货，有的有的，大概要一个星期时间，明白吗？

客商：one week ?

吴香娟：Five container（5 个集装箱），Five container，Five container，twenty container（20 个集装箱），是不是啊，你要现货啊，stock.

客商：stock，how many containers are stock ?

吴香娟：tomorrow ok.

客商：tomorrow ok ?

吴香娟：ok.

中国义乌国际商贸城坐落于浙江义乌繁华的稠州路上，是义乌建设国际性商贸城市的标志性建筑、小商品市场的现代化延伸，现拥有营业面积 400 余万平方米，商位 7 万个，从业人员达 20 多万，日客流量 20 多万人次，是国际性的小商品流通、信息、展示中心，是中国最大的小商品出口基地之一，2005 年被联合国、世界银行与摩根士丹利等权威机构称为“全球最大的小商品批发市场”，还被中国国家旅游局授予中国首个 AAAA 级购物旅游区。

和许多发生在义乌的故事一样，为了帮助父母养家，吴香娟小学毕业后就走上街头，贩卖小商品。弟弟吴福斌随后加入。

义乌地处中国东部，三面环山，群山阻隔了交通，贫瘠的丘陵不适合农作物种植。从公元前 222 年建立县制开始，这片土地上的人一直在为生存找寻出路。

商贸城就像是一个巨大的“家”，人们在这里勤劳开店，学习英文好与外国人打交道，勤勤恳恳地，以聚敛更多的财富。

从身无分文到身家千万，无数个吴香娟和吴福斌在改变自己命运的同时，成就了当代中国的一个商业奇迹。短短几十年，义乌已经成为全世界最大的小商品集散中心。

有人计算过，如果在每间店铺停留 5 分钟，差不多需要 3 年时间才能看完全部 7 万个商位。所以，对全世界的买家来说，首要的事情，是在这个巨大的迷宫里找到自己想要的东西。

来自伊拉克的商人李慈恒在一家店铺里跟人讨价还价：

李慈恒：1.2。

店主：对。

李慈恒：那个是 1.05。

李慈恒：4 件货。

店主：4 件货最少了。

李慈恒：2.05 最低最低的。

李慈恒：一块行吗？

店主：没有。

李慈恒：有，在隔壁有。

店主：隔壁有那你去隔壁拿吧。你要 400 件的话一块钱一个给你好了。

李慈恒：没这么多人，提高的。4×600，差不多要一个城市，在我们那里，要一个城市。

□ 在这间只有十平方米，但却价值八百万元的店面里，吴福斌和姐姐经营着他们的生意。小小的天地里，却孕育着昂贵的梦想，集中了以吴家姐弟为代表的小商品生意人的生计、辛劳、欢笑、委屈和收益。

店主： 一个人一个啊？

李慈恒： 一个人一个啊。

女店主： 这么小的城市啊？

李慈恒的重要工作就是为本国的客户导航。由于在这里摸爬滚打了很多年，他讨价还价的功夫已经练得炉火纯青：

李慈恒： 为了下次生意呢，如果他现在订了 2 件，有可能下一次来可以订 20 件。

男店主： 下次来可能订个 3 件。

李慈恒： 我也不知道，这个都是这样子的，小商品这是小商品市场对不对，那你不是说大商品，小商品市场都是这样。

女店主： 你来中国几年了？

李慈恒： 我来这里十几年了。

找到货品仅仅是第一步。李慈恒非常熟悉义乌式的谈判：

女店主： 没有办法再便宜了，都这样了，你还想让我便宜。

李慈恒： 不，我没有让你，我也不是必须要。你听我说，老板娘，你不是要必须卖给我，我也不是必须要从你那里拿。

女店主： 我知道，反正能便宜，我肯定给你便宜。

李慈恒： 做生意的呢，要商量商量。可以的就做，不可以的就 OK 了。没关系的。

女店主： 反正能便宜的，我就给你便宜。

买卖不成关系在。全世界的生意人都是最善于交流和变通的。

正逢学校放假，孩子们的到来让商贸城更加热闹。除了冰箱贴，吴福斌还拥有一家画框店，由妻子经营。上小学的孩子就在妈妈店里度过暑假。这是忙碌的父母们唯一能选择的陪伴孩子的方式。

李慈恒和远道而来的伊拉克商人，第一次走进吴福斌的小店，向他询问价格：

李慈恒： 这个规格的是多少钱？

吴福斌： 这个规格 6.8 元。

李慈恒： 贵。

吴福斌： 贵？不可能贵的。

李慈恒： 是，你就跟我说实话。最低给我多少？

吴福斌： 真的最低了，因为它的风景也是很多的，它的景点很多。

李慈恒： 什么规格，记一下。

讨价还价暂时告一段落。李慈恒很清楚个中技巧——要想得到理想的价格，不能显得过分热心。

争取订单是生意的起点，发货才是完美收官的核心。

义乌有超过4800家的物流公司。2014年的出口额就高达237亿美元，这促使义乌拥有了中国东部最大的内陆港。新修建的港口，距离国际商贸城仅有1公里的路程。

吴福斌平均每天要发出10万个冰箱贴，利润是一切辛苦的动力。尽管每个冰箱贴只能赚1毛钱左右，但是“多销”可以让“薄利”累积成可观的收益。

日积月累的财富就隐藏在狭窄的店铺里。中午12点，午餐时间到了，几乎没有店主会离开休息。大家简单地叫了外卖，就在店里吃，生怕走开时失掉一笔大单子。

传说中的大生意，就在这样日复一日的守候中酝酿着。

下午2点，李慈恒继续带着本国的商人到处逛。由于正是伊斯兰教的斋月，身为一名穆斯林的李慈恒，在太阳落山之前都不能吃饭、饮水。

转了一上午，李慈恒带着他的客户第二次来到吴福斌的店面。双方坐下来，进入比较实质性的谈判阶段：

李慈恒：我订的货，到下一年过年，中国人的过年，你不能卖给任何的人。

吴香娟：可以的。

持续半小时的谈判，为吴福斌换回3万个工艺摆盘的订单。

琐碎的细节和巨大的交易量，加快了整座城市的节奏。下午5点，国际商贸城准时关门，大约40万辆汽车在一瞬间涌入城市的各条道路。巨大的车流带来了巨大的驱动力，就像利益总是会驱使人们为之乐此不疲。

现在，李慈恒也算半个义乌人，他开着车，融入茫茫的车流里，诉说着他的无奈：

“车多人多，那里肯定要塞车，说实话，我们老板不想干，想做打工的那种，不想做，不想当自己的老板，感觉当老板也是件很累很辛苦的事。”

回到自己的公司，李慈恒也忙着接听他的两部手机：

“我找过你，但你没有回复我，你等一下，我接我另外一个电话，过一会我再打给你。”

李慈恒觉得已经习惯了忙得团团转的生活节奏：

“这个月是有一点辛苦，也没有没办法休息的。为什么？这里的客人要算他们住的宾馆，要算时间，他什么事情都要付钱，所以他想办法赶紧把他的货订完了，然后回家了，所以我们也是跟着他忙，他忙完了，那我们就OK了，但是他OK了走了，另外一个来了。”

吴福斌和姐姐各有一间自己的工厂。白天

接的订单，必须当晚就安排下去。下午 6 点，吴福斌急匆匆地往厂里赶。吴福斌的工厂生产的是树脂冰箱贴——一种全部需要手工完成的传统工艺品。高强度的手工工作有时会造成瑕疵，必须做最仔细的检查。在车间的墙上，吴福斌用“只有不完美的产品，没有挑剔的客户”这样的标语来提醒自己和工人们。但是，吴福斌仍然感觉有些失控：

“一般没有两三个小时，根本是吩咐不下去。跟你说了，就是没办法，我们停不下来一下子，真的停不下来。其实我们这种小厂跟他们大厂是一样的，但他们大厂老板可以完全抽出身来，而我们这种呢，说句难听话，我们完全抽出身来，那就一团糟了。”

吴香娟也有同样的困扰：

“一年 365 天，我们起码 340 天是这样子，除了这个就睡觉了，如果没有别的什么事的话，我们一天都泡在这里，泡在这个生意里面。”

机器生产的树胶冰箱贴让姐姐吴香娟可以接更多的订单，不过代价是，她的丈夫必须长期住在工厂里，只有安排生产的时候，才能短暂相聚。吴香娟知道，这就是生活的现实和残忍所在：

“那女人嘛，都是希望老公天天陪着的啊，是不是啊？都想男人呵护一下的啊，那你说他都这么忙了，你还能够奢侈得到吗？不是说你今天想歇下来就能歇的，不是说我今天不想做生意了，我自己这个月不赚钱没有关系。那你这个月不赚钱了，那你如果在这里的话，你就好像脱节了。琐事很多的。”

吴香娟觉得工人们白天的工作效率不太高，询问他们到底怎么了：

“现在好像睡觉的概率有点高。”

可工人们纷纷向她诉苦：

“晚上太热了，温度太高了，我们在那个房间根本没法睡觉。里面像蒸笼。”

晚上 8 点，太阳落山之后，李慈恒终于喝到了一天中的第一杯水。在义乌，大约有 1 万名阿拉伯商人，除了面孔和穿着，他们正在变成地道的义乌人。

订单、生产、发货，几乎占据了吴福斌一家人的全部时间。只有在晚餐时，一家人才能难得地围坐在一起，用美食慰赏疲惫的身心，并向生命中最亲的人念叨念叨自己的委屈，仿佛只有这样，才可以找到说服自己咬牙继续坚持下去的理由。

吴福斌：感觉现在就跟你说的一样，好像越来越紧张、很紧张、很紧张。

吴福斌妻子：我跟吴福斌说，我现在一个人做生意，别人感觉有时候还可以跟老公商量一下，我连聊天的机会都没有，回家都是吵架。

吴香娟：家里这么多人，压力么，我最大。

吴福斌妻子：都感觉自己很辛苦，其实每个人都辛苦，但是你说你的辛苦，我也不理解，我说我的辛苦，你也不理解，都感觉自己是最辛苦的一个，其实大家都是最辛苦的一个，哪个人不辛苦，我觉得每个人都很辛苦，我们的生活就是过得太紧张了，真的太紧张了。

夜晚的义乌依然在紧张地转动着——各家工厂里总是灯火通明、通宵达旦地赶各种订单。这座停不下来的小商品之城，正在成批量地生产财富，也制造着同等规模的繁忙和压力。

几乎每个中国人自小就懂得一个道理：幸福生活要靠双手创造。无论奔波到世界哪个角落，他们都不曾忘记这一点。

2

一半是海水，一半是沙漠。在卡塔尔首都多哈，一个雄心勃勃的工程正夜以继日地抓紧施工。

最高峰时，这里有3000名工人同时开动。他们要在卡塔尔的东海岸线上，挖掘一个深17米、宽约23平方公里的人工港池。

这是人类历史上人工开挖的最大、最深的港口。

夏新瑞是多哈新港项目的负责人。他每天都在清晨给家里打电话，因为卡塔尔与中国有6个小时的时差：

"喂，家里都好吧。这里天气还挺热的，家里应该凉快了吧。"

和夏新瑞一起工作的，还有1000多名中国工人和2000多名来自不同国家的员工。

带领这样庞大的一支国际施工队，在炎热的沙漠里完成超级工程，勤劳并不等于成功。作为资深的工程师，夏新瑞遇到了前所未有的挑战：

"可以说，这是我在海外13年的工作中，遇到的要求最高的一个项目。"

毗邻沙特阿拉伯和阿联酋、地处于波斯湾西南岸的卡塔尔，整个国家都属于热带沙漠气候。严酷的自然环境使得几乎所有的物资都需要进口，除了石油。

长达550公里的海岸线，让这里成为阿拉伯半岛最重要的贸易口岸之一。2022年的世界杯举办权给了这个国家展示自己的新契机。多哈新港就是为这项盛会特别修建的基础设施。

清晨5点钟，多哈新港的工人们迎来了一天中最繁忙的换班时刻。6点30分，运水车准时到达。每天由几十公里外运送而来的珍贵淡水，保障着工人们的安全。整个工地白天的平均气温在45摄氏度，没有一棵绿色植物；这样高温的天气里，湿度却高达惊人的90%左右——这就是一个天然的室外桑拿房。

夏新瑞面对的首要挑战是工程不能破坏当地环境：

"卡特尔这个国家，它从环境这个方面来讲呢，继承了世界上要求最高、最先进的环境标准。我们在这个地方施工，如果不能保证对环境有效保护的话，那可以说我们在这个项目上是寸步难行的。"

为期4年的项目工期已经过半，随着松软的土层不断被挖空，坚硬的岩层成为工程最大的障碍。

爆破是常规的施工方式，却由于巨大的粉尘而受到当地环保政策的严格限制。

"一个是作业时间，在卡塔尔的所有的公共节假日我们都是不能进行爆破施工的。另外一个，出于对环境影响的考虑，爆破整个的药量也有控制。"

夏新瑞曾经在沙特和阿联酋工作了 13 年。他的经验是：当地的问题，最好在当地想办法。

距离工地 100 多公里，有一家农场。农场的主人是一位来自卡塔尔古老家族的年轻人，他代理着世界上最先进的挖掘设备。

夏新瑞去拜访他，对方也拿出了传统美食招待客人。席间，宾主相谈甚欢：

夏新瑞：是羊肉。

卡塔尔商人：这是我们最传统的卡塔尔食物。

夏新瑞：看起来很好吃。

卡塔尔商人：请坐。

"客随主便"是身在异国的必修课。看似轻松的款待背后，是相互的打量和评判。卡塔尔商人就话里有话地向夏新瑞抛出了话题：

"卡塔尔市场不仅仅是针对卡塔尔人的，而是针对所有人，那些能够证明自己的人，将获得这个市场。"

这是考验，也是信任，夏新瑞充满自信地接过"橄榄枝"，向对方保证：

"我们正在努力这样做，去证明我们自己。"

很多时候，令人愉快的交流本身就是一种证明。

午餐之后，卡塔尔商人带夏新瑞去参观自己的农场。在沙漠国家，财富可以用树木的量来计算，而这里是一片难以计数的森林。卡塔尔朋友甚至把自己的"压箱宝"都拿出来，"晒"给远道而来的中国朋友看：

卡塔尔商人：这是我最喜欢的马。

夏新瑞：它非常强壮，可以跑得很远，很长的旅程。

卡塔尔商人：而且非常漂亮。

夏新瑞：它跑起来一定也很漂亮。

一番赞美，让宾主皆大欢喜。相谈甚欢的结果，让夏新瑞获得了一个新朋友，以及可以代替炸药工作的挖掘设备。

每周，业主聘请的监理公司都要仔细核对工程进度。一个难题的解决往往意味着另一个难题即将开启，越大的生意似乎越是如此。多哈新港始终面临着来自海水的危险。随着工程深入，源源不断渗透而来的

□在多哈新港的工地上，工人们要面对环境、气候、资源、文化差异等的挑战。

海水，最高峰时需要 100 台抽水泵 24 小时连续运转才能保障安全。

夏新瑞可谓是劳心劳力，前往施工现场指导来自世界各地的工人：

“一定要认真检查啊，整个降水对我们非常重要，如果这个泵坏掉了抽不出去的话，整个这边就坏掉了。”

高峰期时，多哈新港每小时的排水量高达 1 万立方米，然而，就是这些被抽取出的海水，给夏新瑞带来了新的问题：

“他给我们最初的要求是，排出的水质远高于现在海水的水质。就是说，如果是按照他那个要求、那个标准去做的话呢，你不是一个简单的沉淀，是要整个地把这个水淡化掉，排到海里面，才能符合他的要求，这明显对项目上来讲是不现实的。”

面对一个无法完成的任务，单纯强调困难并不明智。对此，夏新瑞有很清醒的认知：

“关键你要让我们的业主，我们的甲方，这个当地的政府，相信你在为这个事情付出了你的全部的努力。”

夏新瑞将十几台全世界最先进的监测设备放入工程周边的海域，利用计算机的数学模型来模拟海水排放对周边环境造成的影响。

严谨的科学论证最终让中国公司的方案赢得了认可。卡塔尔业主方、项目执行总监 Nabeel 对夏新瑞的认真配合给予了高度的评价：

“我们现在正同‘中国港湾’合作，在工程伊始，我们也遭遇了一些困难，但是我们合作得非常好，所以现在没有任何严重的问题了。我们现在已经把一个全新的工程交给了一家中国公司。”

夏新瑞是个聪明人，他很明白自己的核心竞争力究竟在哪里：

“我在海外这么多年，以前的话我们可能更多依靠的是我们的成本方面的优势。但是近些年，我觉得我们现在主要是靠我们的技术优势。”

无论何时何地，信任总是在相互了解和尊重的基础上才可能建立。工程的顺利让员工们都非常自豪和欣慰：

女员工： 你回国会感觉时间过得特别快。你回去最想吃什么？

男员工： 我妈做的水鱼。

夏新瑞： 再说口水就下来了。

作为这项巨大工程的负责人，夏新瑞几乎很难找到回家的机会。在阿拉伯国家度过了 10 多年之后，他已经习惯了难耐的高温和陌生的文化，但孤独却是他始终无法完全战胜的一个对手。

多哈新港的建设还在继续，未来可能依然布满了不可预测的困难。有时候，也许正是那些未知和挑战，激励着越来越多的中国人走向世界。

追访·夏新瑞 /

Q 海外工程建设中经常会遇到哪些困难？你是如何解决这些困难的？

A 海外工程建设与其他的生意、项目有很多不同，遇到的困难也有自己的特点。

首先，各地区和国家的政治风险。海外工程建设中所指的政治风险是指对企业价值产生不利影响的政府行为或为政治目的所驱动的事件，例如战争、内乱、政权更迭、恐怖主义、种族冲突、宗教冲突等直接对项目及员工安全造成的威胁。同时也包括政策法律风险，尤其是项目所在国政府政策法律的变化对项目执行影响最为直接，主要表现在税收、进出口管制、外汇管制、签证政策变化等。政治风险的发生通常无法抗拒，但是如果能采取积极有效的防范措施，是可以避免或降低损失的。首先，应建立完善的风险预警管理体系，持续跟踪项目所在国的综合形势变化，并针对相关风险积极制定应对措施，以确保在风险到来前为项目赢得充足时间，从而减少政治风险造成的危害或损失。另外，也应注意维护项目所在地的公众关系，保持企业良好公众形象。要知道，矛盾产生背后往往牵扯利益，如果对外工程承包企业能加强与东道国各方利益的融合，那么产生矛盾和风险的可能性就会降低。例如，适当增加设备材料的当地采购比例及分包资源，以促进和带动东道国某些行业的发展；推行人力资源本土化策略，在项目建设工程中尽量使用当地劳工，促进工程所在国民众的就业；参与当地公益事业，树立企业良好的社会形象等。

其次，高标准的安全环保要求。大型国际工程项目一般具有施工工期紧、工程量及建设规模宏大、组织分包施工接口多及所在国政府关注度高等特点，项目业主及监理公司在建设过程中要求承包商严格控制生产安全、员工职业健康、环境保护以及项目质量保证，政府相关部门也会对工程的开展情况进行不定期的巡查。一旦出现重大安全事故或环境污染问题，项目势必会遭受停工、政府对企业施加的巨额罚款等风险。这些问题都需要谨慎处理，要通过科学管理及全过程监控来有效防范。以我这么多年的经验来看，在安全环保管理方面，首先要建立起国际项目模式的HSE（职业健康、安全、环保）管理体系，以高度与所在国法律法规、规范标准接轨。同时，要成立和配备符合项目管理需要的国际化管理组织机构，落实安全生产、环境保护岗位责任制和效能监察机制；在项目管理过程中，要及时、有效地与政府、业主、监理以及项目员工沟通和交流，实时把握现场整体安全生产形势及环保监测情况，并准确地做出预测和判断，确保项目安全管理的常态化及环保的可持续发展；另外，在加强HSE风险管理方面，要遵循“以人为本”的管理理念，通过开展全方位、全过程的HSE教育培训来提高人员的安全防范意识，规范化、标准化、程序化安全管理手段，积极开展安全及环保检查、审计及管理评审，结合组织相关知识竞赛、主题摄影比赛、影视宣传教育及讲座等活动，提升海外工程项目的整体HSE管理水平；最后，值得一提的是，海外大型工程项目应打造专业的应急队伍，如消防应急队伍及紧急医疗小组，并配备合格的专职人员，通过开展多方位演练不断加强应急反应能力，以便在特殊情况下及时有效地控制和降低风险的发生。

再次，工程建设所需的市场资源匮乏。工程项目所需的资源匮乏，在海外发展中国家尤其明显，尤其是在非洲及中东地区，公共基础设施薄弱，工程建筑市场发展落后，施工所需资源不足现象显著。随着当前国际项目在招投标及建设过程中的竞争性进一步加强，企业的国际化资源整合能力越发重要，提高海外大型工程项目所需资源的管理水平对企业的发展和可持续化运营具有重要作用。在我看来，要解决好设备、材料资源匮乏问题，首先要做好前期市场调查及项目采购整体策划工作，对所在国的法律法规、风俗习惯、本地资源情况、港口码头、道路运输条件、周边国家资源情况进行摸底，并分析各自优劣势；在确定好所需资源采购定位后，要务必加强采购过程管理，例如：提高采购计划的准确性、预见性；严格采购合约的制定的落实；物资材料价格波动的风险管控；加大对供应商的供应进度及质量管理；海外物资购置过程中的海关清关及时性；巩固与外围及政府部门的关系等。资源整合要紧跟海外项目的发展需要，结合实际工程中呈现出来的新问题采取多种策略，在保证工程质量及进度的同时，开源节流，实现运营效率及企业利润最大化。

最后，宗教、语言、文化上的差异和冲突。在国际工程项目管理中，来自不同国家、不同民族、不同文化背景的员工存在着语言差异、思想观念差异、观价值观差异、宗教文化差异等。文化的多样性是一把双刃剑，它可以在集体决策时提高创意，但同时也要求管理者具备较高的项目管理水平，以解决集体整合度不高、各层级和岗位接受及执行能力不同等弊端。跨文化管理是国际项目管理中的重要一环，任何文化上的差异如果得不到有效的调和和解决，就很容易在项目运行中慢慢演化成强烈的文化冲突，对项目的正常运作产生阻碍。我在面对项目员工文化差异时，通常通过以下措施和方式来解决：

（1）形成健康而多元的项目文化氛围。首先要对世界各国文化、各宗教文化都有怀有尊重，同时对自身的文化背景有所坚持，在坚守与包容中引导整个项目，形成健康而多元的文化氛围。

（2）创造条件，增进员工之间的交流和沟通。国际项目管理工作不能仅仅停留在规章制度、管理政策等刚性层面上，它还必须同时兼备员工之间在工作及工作以外的交流、学习等软性内容。比如，定期开展以项目整体为单元的课题研讨会、技术评审会、各种形式的讲座及论坛等，这些都可以为员工之间的交流和沟通提供便利，在潜移默化中完成跨文化之间的交流，加深彼此间的认识和了解，极大地淡化彼此间的文化差异和冲突。

（3）必要的集体培训和教育。为了减少员工之间因为彼此间的文化背景的不同而造成的交流、沟通障碍，相关的知识培训是必不可少的。员工培训可以帮助项目管理团队建立更好的人际关系，减轻国际项目中文化差异所带来的压力，提高工作效率。

在我看来，在"一带一路"战略引领中国企业"走出去"的大背景下，中国企业势必将会有更多的机会与各国及地区开展合作，而这种合作不单是项目建设本身，更是多方文化的不断摩擦和碰撞，这就要求我们海外工程管理者不仅要兢兢业业地做好本职工作，更需要用心与各种文化进行交流和交融。

3

朱定定是一家小型手工鞋厂的老板。他做外贸做了几十年，厂子曾经一度濒临倒闭。现在，他生产的鞋子已经通过网络卖到了全世界。在他眼里，网络是一个体量巨大、制造奇迹的平台：

“我们有时候把生意做成了，我们还不知道对方是男是女。有 90% 多的客户都是来自网络。好莱坞和拉斯维加斯，我的鞋子因为工艺性强，有很多人在收藏我的鞋子。”

同时，朱定定还是中国最大的电子交易平台上最炙手可热的老师。他是各种关于电子商务的培训、讲座的座上宾，所到之处，他都会受到极其热烈的欢迎：

“在我们创业的过程中，每个人都会遇到酸甜苦辣。我们希望‘橙功营’能够记住大家这段成长的历史。下面让我们用热烈的掌声欢迎朱定定老师。”

朱定定会把他的经验毫无保留地传授给大家：

“其实到目前为止，应该说我们每一位老板，做电子商务有很多的困惑，因为电子商务不管怎么样，到今天为止，还是一个新的东西。如果说，你是一个服装厂，那你服装的关键词一旦放上去会发生什么样的问题？阿里巴巴旗下可能有 1 万家企业做服装的，你会排在第几位？”

在刚刚加入的学员眼中，朱老师是不折不扣的商业明星。2012 年，他被选为客户代表，登上了阿里巴巴在纽约时代广场投放的巨型广告。

广告中的普通中国人的面孔令世人好奇。网络时代的到来，让每一个人都有可能获得与全世界交易的平等机会。

接线员 1：我这边是阿里巴巴公司给你来电。

接线员 2：我这边是杭州阿里巴巴的，你好。

接线员 3：你这边主要是做什么产品呢？

接线员 4：我们通过电子商务的形式让你去接触一些新客户。

在窗明几净的办公室里敲锣打鼓，并把装有硬币的易拉罐盒子晃出巨大的响声，这是位于杭州的阿里巴巴庆祝新客户来临的传统仪式。在中国，电子商务如潮涌动，吸引着每一个渴望机会的人。

在“网商达人赛成都赛区总决赛”上，每一个选手都是电子商务的好手，他们凭借血汗和智慧积累出来的经验，听上去总是

朱定定， 杭州锦渊工艺礼品厂总经理。

1986 年进入外贸行业，有 28 年的外贸经历。2002 年开始进入阿里巴巴 B2B 平台，有 10 多年的阿里巴巴 B2B 操作经历。

十分鲜活、深刻：

选手 1：我发觉，我以前就是坐在井里面的一只青蛙，望着巴掌大的一块天空——哇，这就是我的天地，天下唯我独尊。但是，当我一旦跳出来以后，我才发觉，这个世界不是那样的。

选手 2：会有很多人对你产生怀疑，基本上 90% 的人都说你要完蛋了，不可能做得通。那你这时候一定要忍受质疑，还要承受痛苦。

朱定定：好像以前是一台拖拉机，就是说很慢的节奏，但现在是一条高速公路，是几百码的一个节奏。那你怎么样去跟进它？

激情在中国大地上燃烧。网络平台带来了全世界的客户，随之而来的，也有意想不到的烦恼。朱定定的妻子给他介绍一个可能完成不了的订单：

“关键的问题是这个花做不了。然后这些花一颗颗全部是手工的，这个也是手工的。这个一天只能做 100 个左右。我看能不能把这个订单给撤了。”

订单来自法国，客户完全陌生，而且 3000 双鞋对于现在的朱定定来说，只能算作一单小生意。朱定定和妻子以及业务员紧急商讨着，他并不想轻易放弃这笔生意：

朱定定：不要了？

妻子：对。

朱定定：这个要怎么去回给客人，这个也不好回啊，回客人这个？

妻子：为了保证质量啊。你质量做得不好，你过去也没用啊。

朱定定：他在哪个位置啊，法国哪个位置？

业务员：马赛。

尽管可以商量推迟交货的时间，但朱定定觉得，对第一次打交道的新客户来说，这不会是一个好主意：

“可能大家有一些误解，认为电子商务时代，网商是很简单的一件事情。其实做每一个客户来得都不容易。我们是做订单，我们做外贸，我做了这么长时间了，其实要丢掉一个客户是非常容易的事情，是你眼睛一眨就可以丢掉这个客户的，但是你要得到这个客户是非常难的。”

□ 朱定定的生意都建立在他对客户关系的精心维系基础上。因此，哪怕是通过互联网来交流，他和他的许多客户也都成了挚交。

国际电子商务和国内交易不同，多了复杂的报关手续和国际物流，却少了支付担保和足够的信用数据，所以，交易通常更加谨慎。买卖双方素昧平生，投石问路十分寻常。

朱定定担心，如果他完不成这张小订单，可能失去的是一位大客户。好在还有杀手锏，朱定定决定前往位于浙江上虞的自己的“秘密工厂”。

古老的村庄点缀在群山之中，崎岖的道路让进山异常困难。10 多年前，朱定定的小工厂就开在山脚下，直到他遇见电子商务。

“我是阿里巴巴第 66 位客户。甚至我的工人都说，疯了。为什么呢？他说网络的东西你可以相信吗？为什么我说是 B2B 平台、网络平台创造了我，因为我的思想真正改变就是 2002 年开始改变的。”

一个面向世界的全新通道，让原本在山脚下做鞋子的朱定定成为今天的知名电商。但虚拟的网络并非万能，人们时常会想念面对面时感受的温度。

朱定定也带着一种批判的视角来观望网络：

“跟客户在一起，不知道对方是男是女，这种状态是非常严重。不是像展会，展会我可以直接看到人，这种对方人的脸部表情，我可以看到他，可以看到他底，但是网络我看不到。”

朱定定去的是浙江上虞四明山区一个中国典型的南方村庄，山水清秀，朴素而安静。对村民们来说，世界只是出现在电视里的画面。

60 户人家依山而住，家家相识，农耕生活简单有序。在这个气定神闲的小山村里，焦急的朱定定显得有些格格不入。他找来了老朋友，给她分配任务：

“首先第一步先把人找到，然后我们一个个落实，怎么样？好不好？那就帮我去找人。”

这些老朋友、老伙计让朱定定吃了一颗“定心丸”：

“其实在大山里面的人很简单。当他们答应我说，这个事情我来做，什么时候可以做好，这个时候一定是 OK 的。”

傍晚时分，村里的老太太们开始为法国客户赶制手工。每缝制一朵花可以有 2 毛钱的收入，一个人一天大约能缝制 150 朵花，得到 30 元的报酬。10 多年前，这里就是朱定定的大本营。现在，一切依然没有改变。淳朴的村民让他感到踏实。

但是，外面的世界却一刻也不停地变化着。在一边安静地等待着这边完工的时

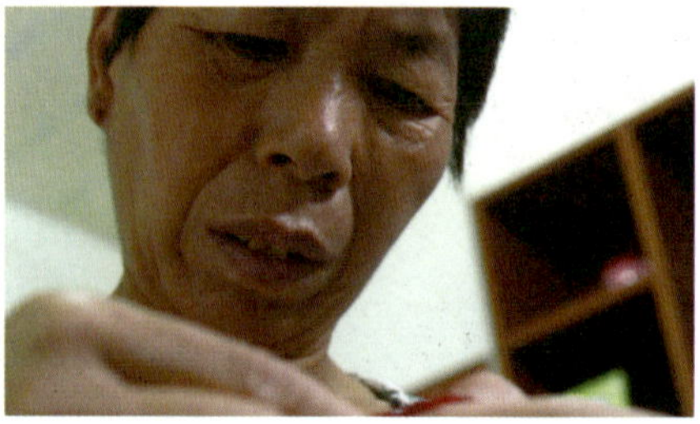

□ 老太太们的淳朴比她们的手艺更让朱定定感到安心。这让他越发坚信：信任才是生意的强大基础。

候，朱定定还得一边通过电话遥控，语气急速地指挥爱人如何处理其他生意：

“你这个订单也不做那个订单也不做，你到底要做什么？没有关系了，没有关系了，没有关系！你能不能把所有的信都导出来？你再看一看然后你再告诉他，我几月几号信给他，几月几号信给他，请你看一下，我当时的情况是什么样的？”

朱定定一直很相信“不积跬步，无以千里”的道理，所以，他认为，每一个客户都有可能给自己的生意带来更大的飞跃：

“如果这个客人他说我到你公司里来，我们见过面，我相信后面他的小单子，我爱人什么都不说，努力去解决了，这个就是说见面会给你带来这么大的一个东西，但是网络的东西都是已经是虚拟的了。”

不见面的交易，让遥远的法国买家无从猜测，鞋面上精美的装饰究竟出自哪里。他们只需要知道，朱定定是否值得信任。而朱定定要做的，是不辜负这份信任。而朱定定是从他的这些老朋友那里深刻体验到了信任的力量，并愿意把这种珍贵的信任感传递给他的客户们：

“你知道我为什么要到这里来吗？因为这里的人简单。这些人不会骗人，这里的人讲诚信。”

人人都有机会一试身手，成就了全球最大的电子商务平台。或许，人与人之间最根本的诚和信，将决定这个方兴未艾的大生意能否一路走好。

追访 · 朱定定

Q 在网上与人做生意，与实体店的生意有什么不同？

A 做实体店靠的是好的地理位置和本区域的消费者流量来获得机会，再通过诚信，扩大影响力，这样才能做得起来。但它有区域性限制，还有店铺的投入，会有租金、门面装修、人力等因素的影响，成本非常高。同时，产品信息量少，价位上也没有竞争力。不过，实体店可以实现面对面的沟通，近距离与客户交流，交易过程快，所以，它是先有客户，再做诚信与服务。

做网络生意不受区域限制，不受国家限制。它是通过全球互联网络平台来认识客户。在全球各地的消费者们都可以认识交流和交易，在互联网平台上接触客户的机会多很多。大大超过实体店的交易机会，投入成本低。它的另一个特点是在交易过程中先做诚信，再通过影响力来得到客户。与客户沟通会相对慢一点，不是因为店铺位置和人流量得到成交的机会。可以这么说，互联网上的交易信息量大，机会大大超过实体店，销售成本有明显的竞争力。

Q 你如何把现实中的温度，带到冷冰冰的互联网贸易中？

A 在做互联网贸易中，沟通交流的诚信与获得信任非常重要。在我看来，这就是现实中的温度。它必须在双方信任的前提下达成交易。提高信誉的主要手段是：在互联网上沉淀自己的数据和信息，比如产品信息、交易数据、售后服务信息和服务记录包括承诺、评价等。

4

▸ 现代人的生活一点点地被生意改变。而改变生活的愿望，本身就蕴藏着永不枯竭的商机。

刘翌来到印度尼西亚的雅加达推广微信，他发现，这边并不太好的交通状况让这款软件拥有了巨大的市场潜力：

“在这边堵车，比如说走 1 公里，有时候堵 1 个小时、2 个小时是很正常的事情。我们来到印尼以后，我们的脾气会变得非常好。”

已经有越来越多的印尼司机开始使用来自中国的社交软件——微信，向同行报告路况：

“Hi，兄弟，苏曼迪这边路况不错。”

科技的力量是巨大的，刘翌认为微信一定会给当地人的生活带来巨大的改变：

“微信过去以后，我们其实是创造了一种潮流，就是让用户知道其实手机它除了传统的电话和短信，其实还是可以做很多的事情，就是我们希望可以创造新的一种生活方式给到用户。”

事实上，微信在当地的推广活动的确引起了很多人的关注和响应：

印尼主持人 Hanman：扫描这些群组的二维码，你和你的朋友就会加入到这个群里来，这些群有聚会、足球、男生话题、女生话题。

刘翌：当你开始展示的时候，你可以问这些学生们，现在最热门的话题是什么？

当地员工：好的。

印尼主持人 Maya：今天获胜者的微信号码是——恭喜你将得到 200 万印尼盾，奖金由微信提供，我爱我分享微信！

来自各国的科技公司都试图占领印尼市场。在对人们生活方式的争夺中，这款中国产品似乎并没有太多优势。知己知彼百战百胜，微信为此做了大量的市场调研：

微信员工：哪个更受欢迎？

印尼女学生：在印度尼西亚，在我的校园，我们更喜欢用 line。

印尼男学生：因为这些可爱的表情，WhatsApp 可以通过手机通讯录添加朋友，但是微信知道需要用户名。

如何应对，刘翌自有一套：

微信是腾讯公司于2011年初推出的一款可以发送图文信息、语音视频信息，支持多人语音对讲等功能的移动社交软件。用户还可以在朋友圈中和好友实时分享生活点滴。

作为时下最热门的移动社交平台，微信正在改变人们的沟通方式和生活方式。众多企业借助微信公众平台为用户提供了更加订制化和更创新的服务体验，用户则可以通过微信体验更便捷的移动互联网生活方式。

“我们需要去通过各种不同的方法，在很短的时间之内去建立一个品牌的知名度。中国的移动互联网产品出去，其实在中国文化的品牌溢出价值相对来讲会小一点点，所以这个就需要我们付出一些比较多的时间和代价，去创造出我们品牌的价值。”

在公司内部的会议中，当地的员工也各抒己见，纷纷献言：

“lima 的电视广告很耀眼，大家一看就知道是 lima。”

“这是在聊天，也会看到表情符号，大家会觉得这很有趣，会想知道这是什么。”

这是一场关于未来的竞争。人们喜欢怎样的生活，决定了谁将最终获胜。与此同时，获胜者将决定我们会过上怎样的生活。

5

距离广州著名的“小蛮腰”不远，有一个旧厂房改造的园区。这里每天都在为全世界 4 亿以上的用户提供服务。

出生于 1983 年的珍妮负责软件的整体设计，她和她的研发团队正在对一个新功能进行测试。

珍妮：因为你只有 1 个箭头我完全不知道是什么，我不会去敢点它的，我不知道发生什么事情。

男工程师：我觉得除了他们那边的人不习惯以外，其他的人都挺习惯的。

珍妮：没有，其他人习惯是因为我们一直在做这个，我们一直在用这个。但是至少目前来说，我们都还没有这么强烈的习惯。其实好像我也觉得原来的方案会更好一点。

男工程师：人们不会说我喜欢这个，你要考虑，它不会帮助你的，相信我。你改变习惯，没有人会喜欢你的。

珍妮格外尊重用户的体验：

“用户体验不是一些很抽象的问题。它就是在每一个细节里面不断地打磨，不断地修改，不断地调整每一个细节的这样的一个过程。你才会有一个很好体验的产品。”

对此，“微信之父”张小龙有更深的理解：

“在互联网的这样一个产品里面，我们会把产品的运营和生意做成 2 个阶段，如果我们的产品不能够获得用户的喜爱，它没有一个广泛的用户基础，我们就没法在这个产品上做任何的一个生意。”

正如互联网先知凯文·凯利所说：“没有一个人可以成就人的所有潜能，没有一项技术可以满足所有的承诺。这需要所有的生命、所有的心灵、所有的技术共同憧憬一个现实。”

在忙着制造未来的办公室里，电脑屏幕和员工谈话都受到严格的拍摄限制。珍妮和身边的那些有着共同憧憬的年轻人，正在为我们想象未来。微信技术架构总经理哈维也是这些“造梦者”中的一员：

“我觉得从我个人来说，我工作的最大的乐趣在于我永远会发现新的东西，一定会对我们的生活产生极其重要的影响，所以我会很有兴趣地说，我们的未来会怎么样的。”

哈维是最资深的工程师之一，从最初的十几人到现在的近千人，研发队伍日益庞大。要在全世界范围内脱颖而出，他们必须看得更远。

张小龙，

1969 年 12 月生于湖南省洞口县，Foxmail 创始人，微信创始人，腾讯公司高级副总裁。

张小龙毕业于华中科技大学电信系，分别获得学士、硕士学位。曾开发国产电子邮件客户端——Foxmail，加盟腾讯公司后开发腾讯微信，被誉为“微信之父”，被《华尔街日报》评为“2012 中国创新人物”。

张小龙一直很支持年轻人的想法：

“哈维提出来说，2 个方案可以尝试，第一个是用一个语音识别，第二个我们干脆就头像识别，人面。

我们不会透露说，下一步我们会发布什么新的功能，但是我们过几个月就会有比较大影响力的一些功能出来。移动互联网这一次浪潮来得实在太快了，快到几乎都出乎我们自己的意料。”

张小龙一直想让这些理性的工程师们去感受，人们究竟希望未来过上怎样的生活？他也试图把自己的感受通过每一个新版本的发布传递出去。不过，这在开始的时候并没有得到哈维的认同。

珍妮：我们第一次在一个版本里面，从一个功能介绍变成了一个迈克尔·杰克逊的欢迎页，以迈克尔·杰克逊为主题的一个欢迎页。

哈维：其实小龙最早在做迈克尔·杰克逊的时候，我并不是特别能理解，我觉得就是我看不出它的价值，其实我倒不是说什么多此一举什么的。因为理工男很喜欢说，你做一个东西你的目的是什么呢，你的价值是什么呢，你的收益是什么呢，你可能会这样去核算整个事情。

珍妮：他还让我们去他的车子里面，听着迈克尔·杰克逊的歌，小龙也是让我们画一个感觉出来，我只能说我们把他画出来，就是一个黑色的背景，然后是一些红色的像霓虹光，像霓光灯啊那种灯光的一些，就一个迈克尔·杰克逊的背景，透出这么一个光来，其实挺抽象，但这是我们脑海里的那种感觉。

哈维：一年多以后，我觉得我可以去理解背后的、更深层次的一个原因，是小龙有一个很重要的产品上的理念，他会实现人本身的某一种诉求，人的心理的诉求。我跟你沟通，其实也是为了某一种心理的诉求，他永远是表达你心里面最深的东西。

伟大的产品应该满足人的情感需要。市场的每一次奇迹，都基于对人性的理解。比如，张小龙就认为，微信作为一个伟大的技术工具，真正实现了人与人之间的无缝沟通：

马化腾，男，1971 年 10 月 29 日生于广东省汕头市潮南区。腾讯公司主要创办人之一，现任腾讯公司控股董事会主席兼首席执行官；全国青联副主席。

他曾在深圳大学主修计算机及应用，于 1993 年取得理科学士学位。在创办腾讯之前，马化腾曾在中国电信服务和产品供应商深圳润迅通讯发展有限公司主管互联网传呼系统的研究开发工作，在电信及互联网行业拥有 10 多年经验。

1998 年和好友张志东注册成立“深圳市腾讯计算机系统有限公司”。2009 年，腾讯入选《财富》“全球最受尊敬 50 家公司”。在 2014 年中国家族财富榜中，马化腾以财富 1007 亿元荣登榜首，相比于 2013 年，财富增长了 540 亿元。

“就从人类的历史上来看，人类并没有一个机会说，虽然他们会梦想这样子，我随时可以看到周围的人，他叫什么名字，他的头像是什么，我可以跟他说话，是没有这样的机会的。”

在深圳的万维网大会上，来自世界各地的工程师们都在无比自豪地展示先进技术有可能给人类生活带来的种种革新。在讲到“顺应潮流的勇气”这一话题时，马化腾不无感慨地提醒在座的各位同行们：

“就这 2 年内发生了巨变的，诺基亚，黑莓……巨人倒下了，体温还暖着的呢。这时候你一定要深思，这个行业，你怎么发展？”

想要创造未来的公司正不断被未来的公司取代。站在时代的最前沿，更能够感受到风从哪里来。

每个人都在用自己的方式通向未来。人性中最细微的需求，汇聚成世界上最巨大的生意。

刘翌：我经常被叫做空中飞人，不断地从这个地方飞到另外一个地方。可能局外人会觉得这很辛苦，但是我个人感觉还是很开心。非常希望看到有一个中国的品牌可以走向世界。

珍妮：人类的生活会变得极为便利，因为科技。但同时我们对科技的依赖好像又越来越强了。所以，我不知道未来会变得怎么样的。

张小龙：互联网本身是提倡 open 的，我们更希望说，这个世界上每天有一些精彩的事情发生，而不是说我们每天都去抢一些地，把自己的城堡给巩固一下。要不然我们每天在这里工作，岂不是不会那么愉快吗？

□ 在卡塔尔的古老家族里做客。

如果播出是结束，我几乎想不起开始。

时间总是最残忍的告别，让我们告别一些人，一些事。

何况这持续了三年。

——这些没有逻辑的话，实在是理性太久，而必需的感性。

很想成为一个牛 × 的导演，所以总是在探索自己的边界。而这次参与《与全世界做生意》，使我真实地触碰到了自己的边界。

一直以为，导演就是讲故事的手艺人，如同盖大楼，有了功能，有了样子，有了结构，最后是装修，然后才会有风格。

但这是一次真真正正的制造之旅，严格的工艺要求开始时几乎让我找不到创作的快乐，而自己最原始的叙述能力也在逐渐消失。直到后期剪辑的时候，才一点一点找回来最初的自己。

义乌是第一个拍的，我按照自己的价值判断完成了这个故事，在拍完一家人吃饭那场戏后我长吁一口气，因为我觉得这个故事成了，我拍到了我最重要的东西。可是在回来的看素材的会上，大家却表示了担心。大体上因为没有足够惊艳的画面，也没有什么让人觉得动容的情节。

在这样的压力下，我开始拍摄卡塔尔多哈新港的故事。这个故事我给了摄影师足够大的压力，大到拍了 5 天之后他来我房间说："我好像不会拍了。"要知道，他是一个拍了 10 多年的"老摄影"，所擅长的就是纪实。我心里明白，我要求他走得更远，就如同别人要求我的一样。这样的要求你很难说对不对，因为看起来是让自己变得更完善。摄影在我的要求下的确改变了很多，画面开始一个一个地拍，到了现场也会先注意构图，而不像过去，总是抓了再说。这样的转变让多哈新港的故事在画面上有了提升，故事上其实有所牺牲，不过也算是完成了，完成了一个简单的表达。而不像义乌，是完全的探索之旅，是把自己放在一个真正纪录片导演的位置上去观察和感受，在多哈，更多的是在完成。

阿里巴巴几乎就到了另一个极端。为了证实自己的一些想法，我决定完全听从总导演的指示，按照剧本拍摄。于是，在阿里巴巴的故事上，我是让拍摄对象严格按照我的要求进行的拍摄。而最后，这是最让我头疼的一个故事。

微信的拍摄，我倒是彻底地松了下来。这一次我几乎又重演了过去的自己，我理了故事大纲，却又几乎不顾这个大纲。在现场我积极地去感受和捕捉，拍摄随心所欲，却又在一定的框架内严格限定。这是我最自如的一次拍摄，和新摄影的合作也很舒服。最终的效果也算过得去，影像上中规中矩，故事上也是如此。

故事的本质其实就是行走在边界的人或者触碰到自己边界的人，后者几乎是一个无限广阔的可能，因为每个人都有着专属的边界。这才是真正值得记录的东西，我们不是专家，不是学者，不是可以把复杂深刻的东西浅显表达的工人，我们是有个性的个体，这才是导演真实的价值。

所以，一个人真正的幸福并不是待在光明之中，而是从远处凝望光明，朝它奔去，就在那拼命忘我的时间里，才有人生真正的充实。

第五集导演　胡珩

□记录真实的场景和生活，T 恤衫背后的“纪录频道”几个字格外醒目。

朱定定的欢喜与忧愁，
在莫测的现代世界和传统的村庄之间徘徊。

》》》

卡塔尔首都多哈，中国人曾在此获准加入世界贸易组织，
现在，他们用一个超大工程续写自己在世界舞台上的履历。
在加入世贸组织 12 年后，中国已经成为全球最大的贸易国。

》》》

2015 年 2 月，多哈新港港池完工，夏新瑞兴奋地憧憬未来：
“这块地方在不到 2 年的时间之内，我们完成了所有的结构施工。
往里面放水的时候，这里将会是一片美丽的港池，一片汪洋。”

》》》

吴福斌的妻子尽管抱怨辛苦，但她仍然愿意一直“在路上”：
“当你接到一笔单子，当你钱赚来的时候，感觉太幸福了。
我感觉好像去做这个生意也不是很累，还是继续下去吧，就是这样子。
只要是做生意的，绝对不可能是说谁会停下来。”

》》》

大生意的身后，是小人物的梦想。
13 亿中国人正在寻找通往幸福之路。
而梦想不分大小，照亮着我们每一个人的行程。

第五集

第六集

看不见的博弈

文化是门好生意。
当源远流长的中国智慧遇见时刻需要创造力的世界市场，
有的人把生意做成了文化，有的人把文化做成了生意。

1

小安是北京北展文化公司聘请的一名翻译，她的工作是迎接风靡全球的《大河之舞》演出乐团。5 天后，他们将为中国观众献上《大河之舞》第二部——《舞起狂澜》。

下了飞机，进入北京城的大巴上，古老而年轻的千年古都让乐团成员们兴奋异常：

“我想去长城。”

“我要去胡同里转转。”

“大家来看，这里就像是拉斯维加斯。”

《舞起狂澜》在中国演出的第一场在首都体育馆上演。北京的冬天阳光明媚，却寒气逼人。4 个装得满满的集装箱已经运达“首体”大门。身着短袖的老外和裹着棉袄的中国工人，操着各色的语言，开始了一天的工作。

为了追求演出的原汁原味，从服装道具到舞台布景，从一台洗衣机到一颗螺丝钉，通通都是从爱尔兰空运到中国的。中方和外方要通力合作，将这些东西魔术般地变成一个美轮美奂的舞台。

《舞起狂澜》的工作人员 Howard 是北京的常客，对他来说，这一切早已是轻车熟路：

“我们以前也来过这儿演出，有时遇到的工人没这么卖力，今天的这拨工人很棒，我们很满意。”

《大河之舞》——这部诞生于 20 年前的舞剧，以爱尔兰的踢踏舞步征服了世界，全球演出超过 12000 场，成为商业演出的成功典范。而《大河之舞》第二部——《舞起狂澜》，则把全球首演定在了北京。

北京的夜色中，中外双方的决策者为一件僵持很久的事进行最后的谈判，张力刚——《舞起狂澜》的中国运营商和出品方之一，他的对面是《舞起狂澜》的导演 John 和总经理 PádraigHeneghan。

双方讨论的焦点是中国观众喜欢在演出现场拍照的行为。在外方看来，此事关乎对版权的尊重和保护，希望现场内禁止一切拍照和拍摄，并希望中方能在演出时帮助实施这项禁令。双方为此各持己见：

PádraigHeneghan：我们希望现场禁止一切拍照。

张力刚：但是我想观众拍照不是为了商业目的，他们只是想回去和朋友分享，所以，为什么不让拍呢？

John：我们还有一个理由就是，当一些

张力刚在微博上名字叫“演出客”，其自我介绍为：“致力于高质量的剧院演出。”——这也是这个年轻演出经营者的真实工作写照。在“北展”任演艺总监的这几年，张力刚意识到了他们这一代演出人面临的演出市场竞争是全球性的。因此，和全球顶级公司的合作，不仅仅是让中国观众和世界观众接轨，更重要的是学习并消化吸收国际先进的舞台操作经验、商业运作模式，从而真正进入国际演出市场运作。此后，他在大力运作引进国外优秀舞台剧目进入中国市场的同时，也在引导制作并运作中国的《大河之舞》，如 2011 年与广州军区战士杂技团合作的《天鹅湖》《生命阳光》，张力刚在稳固国内运作联盟的基础上，力图建立国际化的剧院连锁体系，把“战杂”这样中国原创的、具有强烈国际市场意图的作品按照中国的意图在国际市场布局。

在张力刚看来，中国文化要站起来、走出去、立得住、站得稳，必须由他们这一代文化人完成，这是他们责无旁贷的使命。

观众举着摄像机录影的时候，设备上发出的亮光，会打扰到其他观众，我们一直为此苦恼。

作为一个生意人，张力刚认为这件事完全可以换个角度去考虑。

张力刚：如果在剧院里观众拍照也许会影响其他人，但是在体育馆里应该就不会了。现在是数字时代，每一个人都是信息源，大家分享照片的传播方式既直接又快速。

John：我采纳你的想法。

事实上，外方的妥协，有一个不可忽视的原因，这就是，他们已经充分意识到中国市场的消费能力和未来的潜力。这也是此次外方愿意把全球首演放在中国的原因之一。

陕西人张力刚，十几年前凭着一股子冲劲和倔强，带着中国杂技团在西方世界闯江湖，饱受演出生涯的艰辛，继而调整生意轨道，改为把优秀的国外演出引入中国。然而，和国际高端文化市场交手，意味着高昂的版权费、微薄的利润以及巨大的风险。

“如果你想保证原汁原味地把它引过来，你要付什么费用呢？你把所有的成本全付了，然后你还要付他的版权费，第三，还要跟你谈，你的利润我还要分，最狠的可以分到七三。记住，是对方七，不是我七。好像被人紧紧地卡住脖子一样。因为你不可能赚到钱……一会儿这个费用，一会儿那个费用。又跟我要钱！”

精神产品，谁拥有版权谁就强势。版权，不仅意味着盈利，还意味着话语权。

□"演出"是座桥梁，文化、利润等在这座桥上奔泻。

搭建舞台的工作日夜兼程地进行着。布兰登是外方技术总监，行事严谨，作风强硬，用他自己的话来说，这个职位就是得罪人的：

“制片人雇佣我来再现他们的演出，我清楚他们头脑中的创意，我的工作就是和各个技术部门一起落实这些创意，所以如果得不到合适的工具和技术工人，是非常让人泄气的，尤其是一些之前承诺好的事情。去年 6 月我们来中国时说好的事情，直到现在还没办理好。今天早上，我问詹姆斯处理得怎么样了，他说，马上就好，马上就好，但我还不知道究竟什么时候才会兑现。”

《舞起狂澜》导演助理 PádraigMoyles 却有一肚子苦水：

“有时中国人说好，却意味着不好，有时我们以为说好的事情，最终却没能实现。”

布兰登提到的詹姆斯是中方的技术总监宋易恒。几年前，只有 20 多岁的宋易恒第一次加入《大河之舞》的中方团队中，对一个新手来说，他完全没有预料到碰撞如此之多。

除了工作习惯不同，巡演过程中，一些中小城市的院线体制也成为双方矛盾的源头。这让宋易恒颇费脑筋：

“地方剧院属于是政府剧院，属于是拿政府工资、政府饭碗的那种——我就是坐在这里喝茶，我就看着你就行了；我可以配合你，我也可以不配合你，就是看我高兴不高兴。老外就不理解中国的这个体制，他就会发飙。第一年我们是天天吵着过来的，对着骂着过来的，怎么说，就是对于他们的不太了解吧。我说我们在这么努力地配合你们，然后你还来骂我，我就说所有的人现在全部停工，我说他什么时候把火泄了，不骂中国人了，咱们再开始干。然后他就说，哦，James，我们是 friend。”

排练间隙，外方的工作人员会提醒演员们一些在中国演出需要注意的细节：

John：说说鼓掌的事。

PádraigMoyles：好的。这里观众的鼓掌方式和西方很不同，他们会比较含蓄，不要感到意外，他们通常会把最热烈的掌声留在最后。

商业的力量把甲方和乙方黏合在一起，时间的磨合融化着中西方的差异。

对张力刚来说，与世界接轨的文化生意，仅仅停留在合作中的彼此理解，还远远不够。

“世界现在都在渴望着一部中国的作品，因为中国在过去的这些年已经越来越引起世界的关注。我们希望借助他们的制作理念，也和我们了解到的国际的运营网络结合起来，用通俗的话来讲就是叫‘借船出海’，到了《大河之舞 3》的时候我们是真正的制作方，我来选整个的制作团队，最重要的是我给你我们的制作理念。”

中国人想要掌握话语权，而这取决于能否拿出好的创意。为了让资深的国际制作人对中国元素的呈现进行初步判断，张力刚一行来到中国编舞人万马的舞团。

张力刚试图让中国的舞蹈作品打动这些世界级的创作者：

“一个好的艺术作品一定是一种社会思潮。大家都在讲全球化，在讲地球村，所有的人都在这个世界自由地迁徙、自由地流动，在世界各地都可以寻找自己的这个幸福。从《大河之舞》到《舞起狂澜》是一脉相承的。”

好作品的诞生绝非一朝一夕之事，从国际演出市场的角度考量，这个舞蹈离未来《大河之舞 3》的气质还有距离：

“以现在来看，我认为它作为商业演出并不合适，但很适合送到国际专业舞蹈艺术节上角逐奖项。”

舞台搭建进入尾声，人们还在进行最后的调试。

繁华落尽，前路漫长。经历了走出去和引进来的文化生意，张力刚对生存、迁徙、融合与创新有了自己独特的体会。他的“大河梦”依旧在继续着。

开着车，他奔驰于长安街，高兴之余，不禁喊起了家乡激越昂扬的“老腔”：

“他大舅他二舅都是他舅，高桌子低板凳都是木头，一条大河波浪宽，舞起狂澜舞翩跹，咱们造个中国浪，让它世界看这边。”

追访·张力刚

Q 文化也是门生意，它与其他的有形的商品相比，有什么特点？

A 文化是“无中生有”的项目，创意产业的第一生产力是想法，一个Idea可能就能引爆一个产业。比如迪士尼的“米老鼠”，就带来旅游、园区、电影、卡通、舞台剧、服装、玩具等附加产品。而我们国内的“熊出没”也是如此。

Q 在输入国外优秀演出项目的过程当中，通常会遇到什么难题，你怎么解决的？

A 国外的优秀剧目，到国内来最大的问题是宣发，经常是一个好的剧目常常因为不为人所知而被错失。我们把自己的公司定性为宣发公司，建立垂直用户群，保证一贯的品质，从而使得观众和公司产生良性的互动。

2

▸ 和不少需要原创力的领域一样，中国动画已经很多年没有再创辉煌了。

制作人武寒青想创造一个世界，一个不停运转的虚拟世界。她的青青树工作室成立已有 20 多年的历史，是中国 4600 余家动漫企业中历史最悠久的。工作室耗时 5 年研发了原创热血动漫《魁拔》，武寒青希望以来自东方的小猴子形象为基础，建造一个包括电影、小说、漫画、游戏等一系列衍生品的商业世界：

“我们做的这个风格在国外叫 MANGA，这个风格其实是日漫的风格。我们的定位既然是国际化的商业产品，我们一定要做的是大众要消费什么，然后你所谓的中国风格，它会在你进化过程中自然而然地产生。”

从海外代工到打造品牌，只有创造力，能带动这一步的跨越。标准提高首先是人的问题，虚拟世界的背后，始终站着真实的人。

《魁拔》的续集引入了流行的动作捕捉技术。在位于天津的国家动漫产业园，《魁拔》导演王川在和自己的团队精益求精地修改、打磨作品的同时，也加深着自己对于优秀动漫产品所需要的标准的理解：

“我们有时候看美国的产品，它为什么那么好，就是它每一个动作，它都是要充分做到位。我在起跳的时候呢，我有一个往上走的力，我弹起来，然后我落地之后呢，我的头有一个随动，然后再回来，如果我做得到位，你会感觉我做得很灵活。你看美国片子里大量都是这样的（镜头）。如果你的这个预备缓冲做得不够细，你做出来可能就是另一种样子。”

随着经济的繁荣发展，中国正在迎来一个“大动漫时代”。王川和武寒青都是其中的“弄潮儿”：

“从某个意义上说，跟世界做生意，其实也是在跟世界竞争，也是在跟世界同行 PK。”

“我们实际上是在把他们一些好的模式通过转换，把它本土化。”

作为世界上最大的动漫制作和输出国，日本享有“动漫王国”之称。漫画作品中经常出现的东京塔以法国埃菲尔铁塔为范本建造，被视为东京的象征性建筑。走在街头，动漫产品、动漫形象、动漫商店，无处不在。

日本是全球第三大经济体，动漫是它的第三大支柱性产业。18 米高的机动战士高达堪称日本机器人卡通的元祖。各种动漫主题馆、体验馆里有的不只是欢笑。这种氛围深深地打动着武寒青，让她大开眼界：

“所有人都在那儿玩游戏。”

日本的700多家与动漫相关的企业90%以上集中在东京，形成纵横连贯的产业链。寒风中，“青青树”的团队，踏上了日本动漫探访之旅。王川对日本的动漫产品很熟悉：

“这两个产品，都是在世界动画业很有名的产品。《攻壳机动队》，还有一个是《桃子的信》。”

ProductionIG是日本最大的动画公司之一，办公区域狭窄、安静。除了制作本国商业动画，也为好莱坞制作电影片头。王川一眼就认出了几个“大家”：

“这位在行业里很有名，台柱子级别的原画师，日本的动漫其实最厉害的就是这批人，一辈子的时间就钻研一种技术环节，他达到那个程度，那就是一般人很难达到的。”

小笠原笃史是量子物理学博士，但看上去更像个东京做“洗剪吹”的青年。他是独立动漫原创师。从科学界到动漫界，他可谓是完成了一次人生中的华丽转身：

“以前我研究的是物理学上的‘物体漂浮’的问题——假设物体能漂浮，在这个世界上成为现实，世界会变成怎样。（我是）以这个为构想画的一系列漫画。”

武寒青对这位日本同行的动手能力和原创精神赞誉有加：

“做动画，包括做这个动漫，是一个原创的世界，创造的实际上是一个你想象中的世界，你得自己弄得跟真的似的，就像他那个里头的女孩子穿的衣服、她的物件，都是他自己亲手做出来的。他真的就是上帝。”

第二天，武寒青一行拜访了有“日本动画第一人”之称的丸山正雄。丸山正雄曾与“阿童木之父”一起工作，是公认的日本动画界金牌监制。看着中国同行的作品，他不禁竖起了大拇指：

“这个做得非常棒！在日本，现在没有时间，也没有钱。在技术上、制造上，吉卜力是明显占上风的。为了和他们竞争，我们只能做得更快、更便宜才行。在日本，做动画的人还是很多，作品很多，可供选择的就多。”

武寒青向老先生表达了自己的敬意和谢意：

“就是5年前见了您，然后坚定了我们自己做片子的决心。现在因为做得还不错，所以呢，后面5年的工作计划非常有压力。”

丸山正雄向中国同行传授了自己的心诀：

“我们做动画已经做了50年了，要坚持不懈，这才是关键。人才的培养很重要，手下的人渐渐成熟，有更年轻的一代成为顶尖人才，用心去做动画，这是最重要的。”

精致的配音将为一部动漫作品赋予灵魂。在日本，声优像明星一样被追捧。

为《魁拔》主人公蛮吉做日文版配音的，是目前日本动画界的第一位中国籍职业声

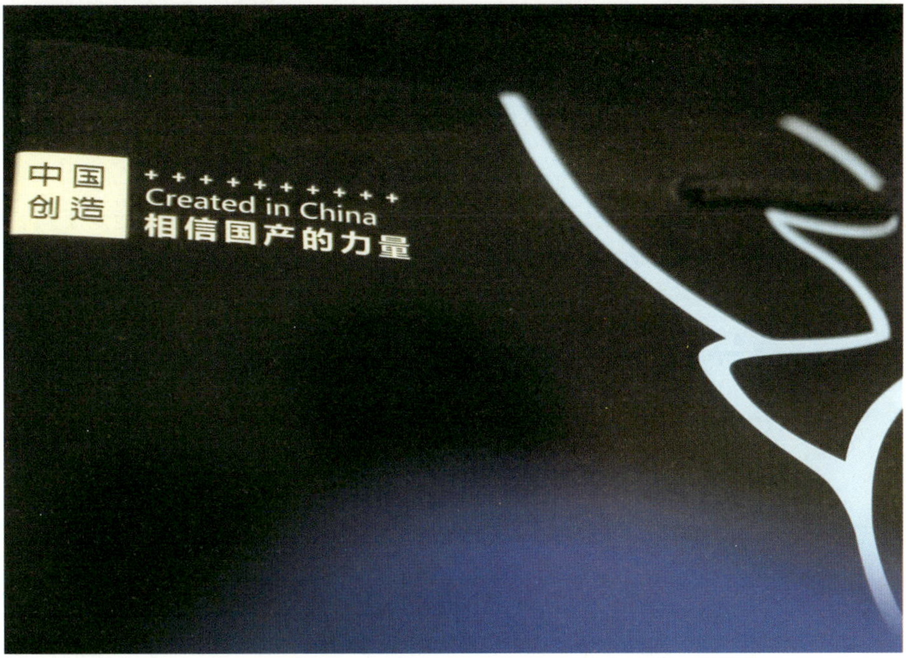

□ 中国动漫、中国设计、中国创造……代表着一种中国力量。

武寒青，国家一级编辑，同时也是清华大学美术学院硕士论文指导教师、金鹰奖评委、北京青青树动漫科技有限公司 CEO。参与过数百部集故事片、电视剧、动画片的企划和编剧工作。2015 年年初，武寒青在体检中查出患病之后，从她的治疗日记中让我们看到，她坚强得令人敬服。她在日记中写道：

“我把癌细胞唤作癌宝，是因为在我的想象中，它是和《魁拔》中的脉兽秀秀一样的萌物，虽威力无穷，但你若不招惹它，它是不会自己跳出来困扰你的。所以，既然因为你的过失惹得它找上了你，那么，以平等心善待它，认真学习与它的相处之道，就成了今生最重要的功课。”

优 KK。在声优界的摸爬滚打，让 KK 进步迅速：

“这边配音的环境和国内确实差别很大，首先，不是一个一个人地录，而是比如说 20 多个人一起在一个小屋子里，不停地把这 15 分钟的戏，一下演下来，你在之中就不能出错，而且你表演的机会只有这一次，就在这一句话里要把自己多少的感情装进去，真的就是在燃烧生命的感觉。所以你一边要全身心地投入表演，同时要注意很多很多事情，不能翻篇出声，或者你不能跟别人抢麦克。非常像职（业）人，像个工匠活，都有点这个感觉。”

严谨、耐心、专注——把工作做到极致的匠人精神，支撑着日本将不同产业的触角伸向全球，不仅凝聚起民族的创造力，也提升着日本国民的自信与自豪。这份用最优的产品打动全世界的认真劲儿也深深打动着王川和武寒青：

“走向世界其实就是跟世界做生意，我们要做最好的产品，把我们的产品卖向全世界。做那种能够足以让我们产生自豪感的事。”

“中国本身就是一个巨大的文化产业的航母，就是因为都不知道，没有先例。所以，更多的就是你想好你是干什么的，你能干什么，你要干什么，然后你怎么干，最后坚定不移地给它干成。”

中国人创造的动漫人物与《七龙珠》《海贼王》《火影忍者》等一起，留在了日本东京 J-WORLD 主题馆的手绘板墙上。

KK 虽然感受到了来自工作中的压力，但觉得这里的良好氛围也给了自己最好的滋养：

“还很难，在日本的话，我现在还是打酱油的小角色，连名字都没有。但是你在努力的话，还是会有人在看着的，这是我的梦想，我喜欢做这个，我喜欢动画。”

3

文化是传统的沉淀，是各个民族优秀基因的传承，商业给了我们彼此交流和交换的通道。

功夫是中国在世界通行的名片。在美国华盛顿，有3家相互竞争的武术学校，3位风格迥异的教练，用各自的方式，传授着拳脚棍棒的一招一式。当然，他们之间的区别，绝不仅仅在于招式。

在丹尼斯·布朗创办的少林功夫训练中心，他安排一个黑人小孩接受电视镜头的“检阅”：

“先别吵，他要上电视了，他才开始训练，甚至还没有练功服，但我希望你们都听好，他要开始。你准备好了吗？”

黑人小孩一本正经地回答道：

“是的，先生。”

得到教练的应允后，黑人小孩在展示前，先来了一通口号，鼓舞士气，为自己助威：

“尽我的全力，保证自己拥有清晰的头脑和谦卑的心态，人不犯我，我不犯人！”

教练用中文喊道：“少林”，这个只有4岁的黑人小孩也能用中文接上：“武术！”看来，他在教练的带领下，已经逐步触摸到中华神功的精神内核。

丹尼斯·布朗出生在华盛顿，曾经专程来中国学习功夫，“把武术做成一个市场”是这位创始人的经营理念。他的“少林功夫训练中心”是华盛顿地区经营时间最长、规模最大的连锁式武术学校。

美国人热衷于健身，武馆通常就开在大型健身房附近。根据这一情况，布朗摸索出了独特的经营之道：

“这是我开的2个武术馆中的1个，我们的特色之一是我们在地板上铺了拼图垫子，也在每所学校的墙上安了镜子。我也说不清这种想法源于中国，还是因为美国人尤其喜欢看着镜子里的自己，但是效果一直都不错。”

美国武术学院的创始人教练裴康凯不仅教洋弟子们招式，还注重通过武术来锤炼他们的心性：

裴康凯：怎么啦？

学生：有人欺负我！

裴康凯：谁欺负你？

□ 无论在地球的哪个角落，中国武术都是华夏民族的精神图腾。

学生：小孩儿。他们说我坏话，讨厌！

裴康凯：光讲话，你就能气成这个样子？

学生：还踩我。

裴康凯：踩你哪儿？

学生：这儿。

裴康凯：那你是硬汉，你就不需要哭啊。

学生：我就觉得心里挺不高兴的。

裴康凯：咱们心里有时候都会不高兴，对不对？你不能所有的事情都能很如意，你说呢？

在与小孩多年的接触中，裴教练逐渐摸索出自己的一套教育方法：

“小孩呢就是这个样的，但有的时候你要跟他讲，讲一讲，他自己能找出答案。我们最快乐的事情不是在于我们有多少学生，而是在于我们把这个小孩改变了，我们有成就感。”

裴康凯和丹尼斯・布朗算得上师出同门，他也专程来北京，在培养过功夫明星李连杰的北京武术队学习，其间也成就了他和武术队运动员张桂凤的姻缘。

裴教练的武馆是华盛顿地区最受华人欢迎的武术学校。

某华裔学生中文说得不是很灵光，话语间总在英文和中文间切换，但老祖宗留下来的宝贝让他获益匪浅：

“我开始学（是）在中文学校。我小时候注意力很涣散，大家说，试试练武术吧。你要想明白，你是真的爱，还是你要真的做好，所以你要好好练。如果你要好好练，你就要每天练一次，如果不要，就离开。”

的确，康教练对弟子的挑选标准很有自己的一套：

“我不需要去游说这个人，我们学校刚刚好相反，他进来了，我想办法让他走，他要是不走，那他一定是要跟我学习。”

在美国，跆拳道道馆星罗棋布。成熟的道馆模式、浓烈的市场意识，为这个奥运会比赛项目赢得了成千上万的练习者。运动的积极传播者首推被称为“美国跆拳道之父”的李俊九。他也是李小龙的 10 位武学名师之一。

Jhoon Rhee 是李俊九的儿子，他继承了父亲的衣钵：

“在这儿，我们必须迎合美国市场。我们必须让课堂来迎合美国市场，如果在亚洲习武，通常师傅会让徒弟遵循非常严格的规章制度。”

在与当地孩子教学的过程中，裴教练感觉和孩子们缔结了一种奇特的亲密关系：

☐ 2016 年 2 月 3 日春节期间，美国武术学校被邀请在美国职业篮球联赛中场休息的时候做武术表演。孩子们身着华盛顿奇才队（Washington Wizards）职业篮球俱乐部的队服，和球员们一起唱国歌。孩子们不约而同地把手放在心上，这个意外的举动让裴康凯十分感动，在他看来：学院教学的宗旨是“自强不息，尊敬别人，做好人好事”，但爱国心态是一种自发性的行为。

"这里很多小孩都会叫我裴教练，但是没有一个会叫我'爸爸'，但是他们每个人都怕张教练，每个人都会管张教练叫'妈妈'。"

其实，训练时，张桂凤会严厉地"教训"那些练得不好的孩子们：

"准备好了吗？开始！ Andrew，你想让我把你踢出去么？"

Jhoon Rhee 教练也知道在美国的教育方式有它的独特性：

"你知道，孩子们在这里享有他们的权利，如果你太严格，他们就会放弃。你必须保证孩子们在这里过得开心。当然，我们依然有非常健全的教学体系，他们必须有所收获，这是我们的理念。"

韩国的跆拳道和日本的空手道占据着美国的主流武技市场，要在这个擂台上一较高下，离不开相互的借鉴与吸收。

布朗就从跆拳道中引进了"腰带"制度，来激发更多人的竞争意识：

"为了让我的生意更兴隆，我需要做很多决定，比如，空手道一直采用不同的腰带（划分等级），武术并不用这种方式，但美国人很习惯腰带的概念，30 年后的今天，我们也需要用类似腰带的方式，来让人们获得晋级的体验，这是美国人习惯的方式——不停进阶，并获得某样东西。"

同样的腰带在中国人手中，是寓教于礼，是润物细无声。教练会教小学员用双手接过腰带，并向教练行注目礼；当教练向他握手说"恭喜你"时，他必须回应"谢谢！"

裴教练的武术学院要进行每月一次的晋级考试，强烈的仪式感使学生们更加珍惜这个生活中的特殊时刻。在这里，仪式与武德融合在一起，这让裴教练非常欣慰：

"互相帮忙，互相加油——大家都有这种团队精神，只要是看到同学在考试场上遇到困难或者失误了，他们一定喊加油。"

张桂凤也感受到了武术对成长中的孩子们的重要性：

"武术学院有点像俱乐部似的。孩子们可以在这交到和他同爱好的朋友，朋友比武术还重要呢，尤其是少年期的时候。"

在上场前，武术学院的学生们会围成圈，手握手，用中文、英文交替着大喊：

"一、二，加油，一、二，加油。一、二，加油。一、二、三！"

裴教练郑重地给晋级的学员们颁发腰带，并握手祝贺。有个女孩 7 岁就来这里学习武术，现在，她要离开这里去上大学了，康教练也不忘送上临别赠言，仿佛情同父女：

"我刚才跟你父母说我非常高兴，我们一起经历了很多艰难的时刻，我也看着你长大，好在你一直是个很乖的孩子，青春期也没叛逆过。”

不舍之余，女孩也饱含深情地感慨着：

“这里是我的第二个家。”

临别时，师徒俩深情相拥，依依惜别。这种深情让裴教练也有了坚持更久的信念：

“我的愿望是说，这个美国武术学院就好像美国西点军校，一直持续下去，上百年。”

Jhoon Rhee 和布朗也有类似的梦想：

“在做生意方面，如果你想成为生意人，你就要知道如何成为生意人。”

“我想提供一个展现天赋的舞台，他们来到这里彼此竞争，就像参加奥林匹克比赛，而每个人也都能从其他人身上学到更多，他们将这个世界融合在一起。我们的学校非常国际化，如果你看看这里，每个人都是国际化的。”

追访 · 裴康凯

Q 你觉得，通过教授中国武术，你在向你的洋弟子传达中国传统武术中哪些精髓？

A 中国武术的精髓是在做好人。现代战场上，冷兵器已经不是主要的作战武器。而且，文明世界里，人与人之间的矛盾冲突大都是用诉讼来解决问题。所以，我们把训练武术上原有的战场上的精神当做我们磨炼做好人的原则。因为，想要把学习的武术动作做好，每天重复的练习就是对自己的磨炼。我希望我的弟子们能把追求完美当成他们好好做人的一个方法。

Q 教洋弟子与教中国孩子，教育方法上有什么不同？这期间，肯定会产生某种摩擦，比如洋弟子可能不能接受的教学方式，你是怎么解决的？

A 对于懂得学校规矩和中国传统的尊师重道的洋学生，我们会当着大家的面纠正他们的错误。他们都会接受，而且会很有礼貌地回复老师，说谢谢老师的指导。对于新生，不严重的错误，我们会给他们面子，不当大家的面去说他们，而是下课后，单独地和他们谈话，告诉他们做错了什么事情。有严重的错误的时候，我们还会马上单独地和他谈话，告诉他们学校和老师们都不会接受他们的错误。

当然，我说的错误，不一定是学习和动作的错误上，而是这个学生对人待物的态度上。学校的规矩是建立一个良好的学习环境让学生们训练和培养的地方。在这里，学生要学习如何尊敬老师，和同学们互助，并且爱护学校。

4

文化是连接历史和现实的纽带。作为欧洲文明的发源地之一，罗马的每一座建筑，即使是废墟，也拥有这座城市里程碑式的灵魂。

在满是文物的街上改造一幢建筑，难度不言而喻。设计师马岩松不得不迎难而上：

“在罗马设计房子是特别敏感的一件事，因为你要处理跟老建筑的关系。我们当时就是把它的外表给拆了，但是留着它的柱子和楼板，一个一个的住宅单元，异形的这些插到这个架子里面去，外面就全形成了花园、平台了。”

马岩松提出的颇有东方立体园林的设计概念，早在2012年的全球设计甄选中就脱颖而出。罗马项目成为中国建筑事务所在欧洲中标的第一个项目。

“这个楼，你好像搞不清它是什么形状，当你很难去描述它的时候，它其实就像一个自己生长的东西。老北京、景山、北海、什刹海……其实人都生活在自然里面，但这个自然又是人造的。”

马岩松的思维模式特立独行，被西方人所热衷的设计案例当然不止如此。从北京胡同里的“泡泡卫生间”，到矗立在钢筋水泥间的“山水城市”，从世贸大厦的概念设计“浮游之岛”，到加拿大柔软的“梦露大厦”……看起来虚幻缥缈、不切实际的概念，都一个个变成了城市的别样景观。

深究起来，可能是马岩松非常懂得文化融合的力量：

“我觉得我们是用了一个巧劲儿吧，就是很温和地介入到了他们的文化里边，没有攻击性。”

毕业于美国耶鲁大学的马岩松，被誉为中国新一代建筑师中最重要的代表。如今，蜚声国际的MAD建筑事务所，在北京的一个老胡同里，它吸引着来自世界各地的年轻设计师们。

外国设计师Jeff来到中国，在这里也找到了世界的梦想：

“这是个中国公司，但是他们试图营造一种多元文化的氛围，你可以发现大家并不是在一个非常中国化的环境里工作，英语和中文一样，是公司的通用语言，你人在中国，却每天见着来自不同国家的人，这非常棒。我选择来MAD工作的原因就是我被他们的作品深深吸引了，在这里工作能让自己成长，也能自由发挥创意，这是很强大的。”

设计界的明星马岩松思维独特，他的作品总是具有“跨文化”的融合力量。

MAD建筑事务所由马岩松于2004年建立，是一家以东方自然体验为基础和出发点进行设计的国际建筑事务所。

近年围绕“山水城市”这一核心设计哲学，MAD期望通过创新建筑，创造社会、城市、环境和人们之间的平衡。

在北京国际设计周上，马岩松和他的团队为国际水晶品牌施华洛世奇设计了一场名为“数字水晶”的艺术展。施工总监张盛宇被马岩松的奇思妙想所深深折服，但也感到了巨大的难度：

“你要看第一次他画的，吓死我了。就完全没法做的。”

马岩松最终将“群山明月”作为这次设计的主要元素。主办方希望这位本土设计师对数字水晶的主题，作出有东方意境的诠释。

其实，马岩松经历了一个并不怎么轻松的创作过程，在这个过程中，他在重塑自己：

“之前一直会一个展馆、一个展馆地看每个艺术家的作品，直到最后，迷失了，就不知道方向，也不知道自己在什么时空的时候，突然看见了一片山。应该跟中国人的文化和心理的这种意境有一个对话。”

带领国际化团队工作的马岩松，灵感和创意的源头，却来自最中国化的环境。

就连外国设计师也很喜欢这种环境：

“我很喜欢胡同，每次看到生活在胡同里的人们，因为我中文不好，所以彼此只能相视一笑，但这是一种非常奇妙的交流。”

马岩松如此评价他生于斯长于斯的城市：

“北京其实总体来说是一个有缝隙的地方，所以有缝隙就存在着自由，我就是在这些缝隙里长起来的。天安门广场巨大、制度化的气氛下，你有你自己的空间，上屋顶，上树，我们为什么建一城市，我们在一城市里想要什么样的生活……”

“山水” 是中国古人把从自然之中感悟到的高远精神与日常世界结合在一起的理想境界。面对中国急剧扩张的城市化现实，归隐山间或者退居园林，只是少数人的旧梦。应该有一批建筑师为未来城市描绘新的理想，并逐步建立新的城市环境，那里既有现代城市所有的便利，也同时有东方人心中的诗情画意，将城市的密度与功能和山水意境结合起来，建造以人的精神和文化价值观为核心的未来城市，并可以为每一个城市居民所共享，或者称其为“山水城市”。

“山水城市”不是简单的“生态城市”或者“田园城市”，也并非只是把城市里的建筑直接建成山的样子。它代表的是东方哲学中，人们寄托在自然中的情怀和对自身精神世界的追寻。这样的哲学思想和境界能否在大城市的规划中体现出来，这会是一个挑战，然而困境和危机也可能预示着一种新的城市文明的到来。

——摘自马岩松《山水城市》一书，广西师范大学出版社 2014 年出版

□ 只要有缝隙，创造力就能蓬勃生长。马岩松相信，有生命的城市，应该是开放、多元的。自由的土壤，才能培育出更多的“中国创造”。

5

足球可能是全世界受众最广泛、最具影响力的体育运动，巴西世界杯再次点燃了中国球迷的热情，足球的前身——蹴鞠诞生于此，因为这种历史的渊源，中国人对足球的渴望从未停止。

广东清远山区里的仿欧式建筑群，孕育着中国足球的未来。男孩子们生来就很争强好胜：

“必须得赢。”

肖运豪是清远足球学校在校生中年龄最小的学生，一场几乎没有观众的小世界杯在学校的绿茵场地上如火如荼地进行。孩子们穿上各国球衣，分成了 32 支队伍，这是他们期末考试的一部分。

孩子们兴奋地抚摸着仿造的“大力神杯”，教练见机鼓励他们：

“站好，准备入场啦。一会儿谁赢了它就归哪个队。”

小世界杯的赛场是一所重金打造的足球学校。按照规划，这里将是未来足球明星的制造基地。这所世界上最大的足球学校，学生人数已经超过 2000 多人。为了以一种特别的方式提醒人们学校的目标，在校门口广场前的“大力神杯”上，原本 3 个外国球员的形象全部被换成了中国人的样子。

孩子们也跟着老师念着口号，向全世界宣告着他们的梦想：

“我们是与时俱进的恒大学子，成为足球明星是我们不懈的追求，振兴中国足球是我们永恒的目标。”

2012 年 9 月，22 位西班牙皇家马德里俱乐部的教练和学校签下了 8 年的合约。这里严格遵循着与世界上最著名俱乐部青训营一样的训练计划。人们期待这能成为改变中国足球困境的新希望。

训练总监费尔南多出自皇马青训营，这种新模式让他感觉很新颖，对他来说也是挑战：

“说实话，这是皇家马德里第一次与足球学校这样合作，一般来说，都是送衣服和装备之类的，要说派 22 名皇马的教练到国外培训学员，这是头一次。”

学校每年都会派学生到皇马青训营学习、生活，所以，除了踢球，学会吃西餐也是一项迟早会派上用场的生活技能。

在这里，每名外教都配一名中方教练，所有与足球训练相关的事务全部由这 22 名恒大皇马足球学校由恒大集团投资创办，坐落于中国旅游之都广东清远，是一所秉持“振兴中国足球、培养足球明星”办学目的，实行文化教育与足球专业培养并举的全封闭、全日制寄宿学校。2012 年 4 月 23 日，恒大皇马足球学校正式拉开全国招生的序幕。

学校按广东省一级小学、省一级中学及国家大学本科标准办学，文化教育由中国名校中国人民大学及其附属中学负责，足球专业培养由西班牙皇家马德里足球俱乐部派遣教练全权负责。

皇马教练决定。因此，西班牙足球追求自由奔放，讲求团队作战的理念被灌输在孩子们的日常训练中。

西班牙教练桑切兹实话实说：

“西班牙孩子对足球习以为常，他们从小就和家人看球，去街上和兄弟们踢球，还去现场支持自己热爱的球队。可以说，西班牙人对足球是非常热爱的，在中国这种热爱的程度不及西班牙。”

教练们向孩子们不断地灌输团队精神：

“胜负都是全队一起共享的，赢是一起赢，输是一起输。”

学员刘易鑫从这种教学理念中获益匪浅：

“让我从足球上面学到一种精神，就是那种渴望胜利的精神，相互鼓励，不埋怨，不抱怨，相信队友。”

足球并不只是一项单纯依靠体力和技巧的运动。有人说，中国足球需要文化，一天里的大部分时间，孩子们要学习语文、数学、英语等 7 门课程，只有每天下午 4 点之后的一个半小时，是足训时间。不少家长曾对训练强度提出质疑，得到的回答是，在欧洲即便是效力顶级联赛的球员每天也只训练 2 个小时。

学员刘易鑫就很赞同这种教学模式：

“我觉得踢足球最主要的靠的就是脑子，可以通过大脑选择你最好的传球方向，或者你在什么时候要做什么动作。”

场地外，不少学员的家长从各地赶来助阵，刘易鑫的妈妈也在其中。2000 多个孩子的背后，是 2000 多个家庭和梦想。刘易鑫的家庭同样如此：

“我妈也很希望我能去西班牙踢球，所以我必须打上主力，这是最基本的条件。”

费尔南多也感受到了中国父母是如此的望子成龙心切：

□ 恒大足球训练学校的建筑不仅效仿了欧洲，连训练方式也引入了“皇马”的体系。中国的孩子们在巨星们的引导下茁壮成长，希望他们拿到“大力神杯”的那一天尽早到来。

"很多原因，给孩子们带来很大压力，我也了解中国家庭的状况，多数孩子都是独生子女，家长期待他们成为一流的职业球员，这无形中给孩子们带来了很大压力。西班牙国内也有这样的情况。其实，这不是好现象，不利于孩子成长。"

孩子们会通过电话给异地的父母打电话，汇报自己的训练情况，以及比赛赛果。

孩子们的成长，总是让我们对未来充满期待。

足球是体育产业中最大的单一项目，全球年产值超过5000亿美元。据估算，中国足球产业的市场空间，超过8000亿元人民币。这个诱人的前景，需要投资、教育、文化，以及整个社会的现代化水准共同打造。不过，费尔南多就很看好中国足球的未来：

"中国的孩子求学欲望特别强烈，愿意跟足球在一起。如果这样坚持下去，中国进世界杯是迟早的事。"

一切都需要时间去检验，并不是每个孩子都能成为耀眼的球星。但是，如果足球可以成为陪伴他们一生的快乐，或许真正属于中国足球的时代，就将到来了。

追访·刘江南／

刘江南，广西陆川人，中共党员，教授，博士，华南师范大学博士生导师。曾任中共广州市九届委员会委员、十届委员会候补委员，市体育局党委书记、局长，第16届亚运会组委会副秘书长，广州体育职业技术学院院长，现任恒大皇马足球学校执行校长。

Q 恒大足校为实现中国足球梦，做出了怎样的努力？

A 从成立的那天开始，恒大足球学校就以“振兴中国足球，培养足球明星”为办学目的。中国足球落后的根本原因在于青训落后，恒大集团和恒大足球学校期望通过自己的努力，为扩大中国足球人口做出自己的努力，从根本上改变中国足球落后的现实。从2012年办学伊始，恒大足球学校就提出了一整套全新的办学思想，一改传统足校“轻文化，重足球”的弊端，努力培养有文化底蕴的足球人和有足球特长的文化人两类人才。经过4年多的办学实践，学校已逐步探索出一条兼具足球学校精英培养与校园足球普及功能，充分践行教育部提出的“健康、快乐、进取”足球理念的新型足球学校发展道路。

经过不断的实践探索，恒大足球学校在足球青训和文化基础教育上均取得了不俗成绩。足球青训方面，恒大足校代表队先后获得全国大区训练营 U12、全国中学生足球协会杯、全国 U13 锦标赛、全国 U13 青少年足球联赛等多项冠军；截至 2016 年 10 月，学校已有 88 人次入选各年龄段国家青、少年队，张奥凯、贾鸿年已分别进入恒大和北控足球俱乐部，一批潜质足球苗子崭露头角，有望成为未来中超乃至国际赛场的耀眼球星。在文化学习上，恒大足校 2016 年首届高三应届毕业生成才率达 87.5%，学生的中考文化总成绩也在学校所处的清远市清新区排名前列。

2014 年 10 月，恒大足球学校西班牙分校开学，学校每年选拔最优秀的 25 名学生赴西班牙接受世界足球强国的足球训练，与当地优秀的青少年同台竞技，最大程度地提升学员的足球竞技水平。

当然，我觉得，振兴中国足球青训，光靠恒大足球学校一校之力还不够。为了让全国各地热爱足球的青少年享受到更优质的足球训练，恒大足球学校先后承接了多期包括“国培班”、“省培班”在内的各种足球骨干教师培训任务，累计为国家和各地培训足球骨干教师 1800 余人次，已成为各地培训足球教练和足球教师的首选合作单位。

我很高兴，作为新型足校先锋，校园足球特色学校典范，恒大足球学校已经牢固确立了在中国青训领域的领先地位。

Q 您如何评价中国足球与西班牙足球的合作？

A 西班牙是足球顶级强国，其皇家马德里、巴塞罗那、马德里竞技等西甲球队在世界都享有盛名。西班牙国内拥有浓厚的足球文化氛围，每天下午，足球场上都是在练习足球的青少年儿童，对于西班牙人来说，足球不仅仅是一种技能，更多的是一种爱好、一种快乐、一种生活。关于足球，西班牙人说得更多的是“享受足球的魅力和快乐”。

西班牙众多的世界顶级足球俱乐部不仅建设了自己的青训营，他们还帮助全国各地的学校和青训机构充实青训实力，如提供足球训练器材、培训足球教练、为优质足球苗子提供晋升的途径等。在对自己的青训球员进行培训时，这些世界顶级的足球俱乐部并不是一味地进行足球训练，他们反而更加重视文化学习，如巴塞罗那俱乐部的拉马西亚青训营，为了让学员养成学习的好习惯，他们规定：学员在学习日，必须在完成每天 7 个小时的全日制课程后，再进行足球训练，每天晚饭后由辅导员监督学员完成学校作业；在周末和节假日学员也须完成 6 个小时的自习。队员外出参赛离开学校超过 4 个工作日，青训营将安排教师随队前往，为学生上课。这座青训营更像是一个大家庭，孩子们吃的是家庭式的饮食，像被父母督促一样的去完成文化学习，以及亲情式的行为准则灌输。从拉马西亚走出去的球星也一直保持着在青训营时的本色，会经常回这个“家”看看，如梅西和伊涅斯塔，他们时常会来到青训营吃饭。

而在中国，足球更多的是被看成一项技能，家长们让孩子学习足球，大都是期望孩子将来走上职业道路，中国的传统足校和体校也大都如此，文化学习被认为是不重要甚至是负担，一天三练四练的学校比比皆是，有的甚至直接放弃了文化教育。足球的成才途径在这种人为的操作中变得十分狭窄。

近年来，中国许多热爱足球和有足球天赋的孩子就是因为无法忍受传统足校烦闷、枯燥的足球训练，渐渐对足球产生厌烦情绪，甚至放弃了足球，中国的家长也因为足球的成才途径过于狭窄，从而禁止孩子接触足球的专业训练。于是，中国虽然拥有 13 亿人口，但足球人口甚至不如邻国越南，更不用说亚洲的足球强国韩国、日本，欧洲足球强国如西班牙、德国、英国等，其足球人口更是远超中国。

除了足球人口基数小，在中国传统的足球训练中，大家只重视个人技术训练，忽视团队力量，这也导致中国球员在训练时可以表现非常好，但在赛场上，面临源源不断的突发情况，他们往往会不知所措，很难将平时训练的成效发挥出来。而西班牙足球不仅重视个人技术，更重视团队的配合，比赛中，西班牙球员更多地采用相互间频繁的传接球和跑动配合，拉扯对手的阵型，以创造进球的机会。恒大足校非常认可西班牙的足球训练理念，从办学起，就与皇马俱乐部签订了 8 年的青训合作协议，由其青训团队全权负责学校的足球训练。同时，学校还提出了“玩中学、抗中练、赛中验”的科学训练理念，让孩子在快乐中学习足球、享受足球、爱上足球。

经过 4 年的皇马先进青训理念的熏陶和训练，恒大足校学生身上已经形成了鲜明的西班牙足球技术风格、独特的个人技术、默契的配合意识和强烈的团队精神。这些特质也帮助恒大足校学子在国内外赛场上频频收获荣誉，恒大足校的青训理念和经验也收获了媒体、社会和教育界、体育界同行的肯定，更得到了国家更高层面的认可。

除了青训方式，在学生的培养上，恒大足校从办学起就提出了“爱生如子，爱校如家，惜时如金”的办学要求，并严格要求学校全体教职工在实际工作中践行。如今，恒大足校校园内师生和谐的场景随处可见，来学校参观的贵宾也都纷纷表示，在恒大足校看到最多的，就是孩子们脸上时刻都挂着开心的笑容。

我是研究体育教学与训练理论、发展与教育心理学的，对中国足球的研究也有近 20 年，我们可以从认识事物的一般规律来解读足球少年成长为足球明星的过程：从关注、关心、产生兴趣，到形成爱好、变成特长，最终成为绝招。

恒大足校也一直在遵循这个规律，恒大足校的学生也大都迈过了“关注、关心、产生兴趣”这个过程，正在“形成爱好、变成特长”这条路上努力前行。我们坚信，在不久的将来，恒大足校学子中必然会走出一批中国足球的栋梁之材！

中国足球的希望在他们身上。

□“裴家班”的虎虎威风。

我导·我说

与全世界做生意

A BIZ DATE WITH THE WORLD

文化所创造的产能和价值是任何一个产业都无法比拟的，中国和世界有越来越多的关于文化的商业往来：动漫，广告创意，旅游开发，教育，等等。而中国的发展面临巨大的转型，其中最为重要的是文化重建。

毕业于美国知名大学建筑学专业的马岩松，被誉为新一代建筑师中最重要的声音和代表。马岩松一贯推崇的“山水城市”设计概念，灵感来自于他从小生活的胡同环境。在他的观念里，没有灵魂的城市很难给人归属感，城市是有思想的。

在传统与现代之间探索的不仅有现代景观，也有在美国经历了一个半世纪风雨洗礼的中华武术。中国的传统文化是武术的根本所在，在不同的文化语境下，各种文化的特性和差异使传播过程充满冲突。出生于台湾、深受中国传统文化熏陶的美籍华人裴康凯创建的美国武术学院和土生土长的美国人Dennis Brown开办的少林武术中心是美国两家历史悠久的、有影响力的民间中国武术馆校。两位创办人师出同门，都曾专程来中国拜师学艺，但在后期的经营上，却秉持着截然不同的理念。

足球是全世界受众最广泛、最具影响力的体育项目，巴西世界杯点燃着中国球迷的信念，更让全世界关注着中国足球的新力量。恒大足球训练学校的仿欧式建筑群是未来足球明星的制造基地，不仅能够接纳万名学生的规模，更为中国、亚洲甚至世界输送大量的足球人才。“恒大足校”能否为中国足球“生产”杰出的队员，还有待时间去检验。目前来看，世界与他的中国合作伙伴都对前景充满信心。

无论是商业演出、动漫、建筑、武术，还是足球，任何文化资源的挖掘和汲取都需要国民素质的提高，才能有大有可为的广阔空间。

全球化时代，商业、生意正在将世界各国的文化联系在一起，通过种种文化引进来或者走出去的故事，探讨如何在更大范围、更广领域和更高层次上参与国际文化合作和竞争，把更多具有中国特色的优秀文化产品推向世界。

凡是用娱人耳目的形式手段，实现灵魂净化、提升的东西，就是文化，就是文化要干的事。从这个角度来看，文化是门好生意。无论是美国的好莱坞电影，英国的流行音乐，还是日本的动画产业，它们都创造着无法比拟的财富。第六集《看不见的博弈》其实讲的就是中国现在所有和文化有关的引进来的、走出去的商业活动：舞蹈文化的生意，武术文化的生意，动漫文化的生意，足球文化的生意，建筑文化的生意……我们的“生意”指的是广义的商业行为，包含所有商业活动，商业的思想，其中的经营理念，等等。

人们经常说“中国的就是世界的，世界的就是中国的”，因为商业往来，中国与世界现在是相互交织在一起的，在这种背景下，如何把这些文化做成商业品牌，做出商业价值，需要思考。

《大河之舞》是我们在学习，通过掌握版权借船出海，为未来打造中国文化生意；

马岩松用中国的文化，带给世界新的价值。

“青青树”是我们希望创造一个中国化的商业世界；在“青青树”创始人武寒青和王川的脑中，李安是他们的榜样。我不会忘记，他们在天津工作室里，在北京工作室里，给青年员工们讲述创作理念，如何才是国际化的创作。“青青树”这么多年来一直坚信好作品一定有价值，价值一定能变现。但对如何赢得市场的种种技术手段，亦是需要从头学起。他们创造了“蛮吉”这个外形如同猴子的主人公。这个富有中国特色的动漫形象，是他们构想中的虚拟世界的基石。希望中国的文化产业也能如同这只可爱的小猴子，早日开创出一片新天地。

第六集导演　张铭欢

东方与西方、现代与传统的舞台无处不在。《大河之舞》在长城上演。

在地球的许多角落，
中国与世界在碰撞与震荡中共创着未来。

宋易恒说：“其实我们打打闹闹，只能说不打不相识吧。
然后，第二年再见面的时候，格外地亲切。”

王川说：“当你要真的开始接近那个市场的时候，
它对你也是很警惕的。”

每个民族都有自己的优秀文化，
商业大潮将它们带到最广阔的世界。

在看不见的博弈中，
我们学会彼此交换和汲取，领悟关于创造的价值。

第六集

与全世界做生意

A BIZ DATE WITH THE WORLD

第七集

未来的利润

利润，曾经是生意的最高目标。

然而，无法停下的脚步提醒我们：

如果不能让更多的人获得更好的生活，我们将难以走向更远的未来。

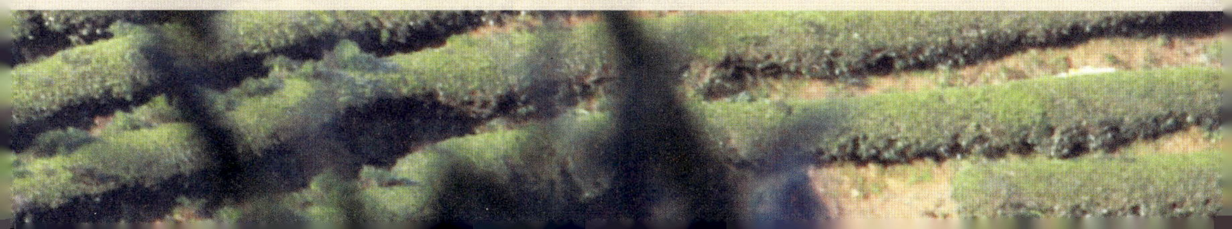

1

东非肯尼亚，一支由中国人率领的物探队，刚刚建好营地。

早晨6点半，队长栾军要把所有的出工车辆送出营地。对他来说，最重要的职责就是在保证安全的前提下，获得准确的勘测数据。因此，他郑重其事地向当地的安保人员交代：

“怎么样可以快速地调动保安们行动？这周在早上安排安保。”

物探队的勘测区域位于肯尼亚东北部的塔纳河流域，这里被称为肯尼亚最不安全的地区。3个部族之间的冲突连年不断，严重时曾经造成上百人死亡。冲突的主要原因是针对土地、草场和水源的争夺。最近这些年，世界各国的石油公司也陆续进入这一地区。

中国物探队的到来是进行物理勘测，并将数据提供给购买石油区块的甲方。这一次，栾军带领的团队服务的甲方，是一家名叫拉姆的国际石油公司。拉姆将根据数据，决定如何进行石油开采。

广袤的非洲大地资源丰富，经济却一直贫弱。要想涉足这片土地，必须获得当地人的许可。

中国物探队在最前方开路的推土机，被附近村民拦了下来。当地人的心中充满了怨气：

“没有水，没吃的，也没钱。”

村民的要求只有一个，希望物探队为他们提供工作岗位。班长迅速把情况汇报给营地。

80公里外的营地，临时建好的飞机场正在迎接前来考察的肯尼亚石油部官员。自从2013年爱尔兰的一家石油公司在这一地区首次发现石油，肯尼亚政府就将石油产业提升到了战略地位。

接到前方被阻的消息，队长第一时间派遣“工农员”阿布赶往事发地点。“工农员”是中国公司为调解社区矛盾专门聘请的当地雇员，阿布正是来自事发地点的这一部族。

推土机经过的区域共有5个村子，物探队已经给每村提供了一个就业名额，但这还远远无法满足需求。阿布面对的是艰难的工作：

“我暂时也无法给出解决方案，我倒是认为，如果可能的话，应该尽可能给村民更多机会。但是，我现在还不能做出任何承诺，也许明天会有结果。”

停工6小时后，推土机恢复了工作。阿布答应尽快给村民回复。当晚，队长栾军召集3个部族的“工农员”，紧急处理：

“这个区域真是让我很头疼。每次电缆被剪断，几乎都是村民干的。起初我雇用纳库拉村子里的人看电缆，可是，问题不但没被遏制，还更严重了。因为村子里的人太多了。如果我雇用你来看电缆，没有得到机会的人就会把线剪断。那换成雇用你，他没得到机会，又会跑去剪断电缆，就这样回报我给你们的就业机会。最后，我决定停下来，我需要跟政府谈谈。”

根据队长部署，第二天阿布又上路了。他必须找到村子上一级的地区首领出面协商，解决招工问题。

营地进行最后一批招工时，3个部族推荐的17名当地人经过严格的体检和安保培训，最终成为中国公司的新员工。

阿力是新招进来的帮厨，他的家就在离营地不远的村里。整个大家庭全部的收入来自50只羊和30头牛，1年大约3万多肯尼亚先令，约合人民币2000多元。阿力对自己目前的收入还算满意：

“现在一个月的工资是一万二千先令，正式工的话要有一万五千。”

阿力用第一个月的工资给老婆孩子买了衣服和一些食品，接下来，他还打算再买2只羊。

萨布蒂是入职不久的一名营地清洁员。工作岗位的更换让他颇有些意外：

“今天对我来说是个大日子，早晨我还在做着另一份（清洁）工作，他们突然叫我去找队长。”

栾军通过调查了解，对他充满了期待：

“他的上司跟我以前说过他，说这个人工作很诚实，那天在村里我又特意地跟他聊了一会，我觉得还可以，很聪明，如果经过培训的话，做一个电台员应该是没有问题的。”

管理人员向萨布蒂介绍：

“这是交通管理的显示屏。”

萨布蒂深感来自中国人的信任，也深感自己的责任重大：

“我必须在新的岗位上努力提高自己，让自己进步。如果不努力工作，就得不到更好的工作。”

对于遭遇的“阻碍”，栾军其实有自己独特的见解：

“我个人认为当地人还是非常朴实的，毕竟这地方的就业机会确实是非常非常少，为了得到一份工作，改善他们的生活条件，即使社区阻挠我们正常生产，我也是可以理解的。”

从理解开始，相处可能会变得轻松。

□ 沟通，可以跨越语言、文化、地域、心灵的“天堑”。

在部落首领陪同下，2 位当地商人前来洽谈。他们是社区内部经过反复协调，推举出来的柴油和食品供应商。除了就业，营地的物资供给是中国公司带来的另一块蛋糕。经过资质审核，他们即将得到这份可观的合约。当地柴油供应商认为，中国人给他们带来了光明的未来：

“99% 在这边工作的人是肯尼亚本地人。我们很高兴，因为我们会有可观的收入。与此同时，他们在这里寻找能源，假如他们在阿萨地区找到石油，我想整个塔纳地区就会变得非常的富有。这正是我们真正希望的。”

正在塔纳河流域作业的中国物探队，其经理部设在肯尼亚首都内罗毕。这是一家名叫“东方物探”的企业，在 40 多个国家设有分支机构，近 60% 的业务来自海外。走出国门的 20 年时间，让它深谙在世界各地做生意的玄机。

东非经理部总经理施继承就算了一笔“经济账”：

“只要少 600 个节点，我们就能省一二百万呢。”

在这个新兴的东非石油业中心，“东方物探”需要经常与他们的甲方——来自世界各地的石油公司打交道。

在与全球众多勘测公司的激烈竞争中，除去更高的性价比之外，与当地社区的良好关系，往往成为中国公司最终赢得甲方的关键。

EPI 石油公司甲方监理伊文思就非常满意与中国人的合作：

“我认为他们很有效率。作为客户方面的代表，我认为我们和‘东方物探’管理层之间，有非常良好的合作。问题在于，可能工作岗位只有 200 个，却有 1 万个人想要找工作，所以这很为难。但是，‘东方物探’做得很好的一点是，它实现了某种平衡。”

工农员阿布从村庄返回了营地。栾军见证了发展过程中的艰难和曲折：

“找了市长，市长找了副县长，开了会了，最后达成协议，就是给他们增加 2 个名额，这 2 个人呢，而且他（阿布）这次回来，把这 2 个人已经带回来了。”

至此，物探队完成了全部招工工作。当地的某个雇员和副队长友好地就吸烟问题进行着交流。

当地雇员：我想再问你一个问题，所有的中国人都抽烟，每天都抽烟，你告诉我为什么呢？

副队长：如果你被送到了别的国家，一待就是三四个月，没有途径与妻子和家人交流，你会承受很大压力。很严重的焦虑。

当地雇员：可是这不是药，这就像是毒品。

副队长：让我告诉你实际情况，当我回到中国，和妻子、父母在一起的时候，我从不抽烟。从不！

当地雇员：当你得了喉癌的时候，你怎么办？

副队长：是的是的，你说得对。

当地雇员：不管怎么说，这不是什么好事。

副队长：是的，而且我也花了很长时间戒烟。但这确实有点儿困难。

当地雇员：这话当真？

副队长：当真！

当地雇员：好吧，谢谢你！

远离家乡的中国人，和暂别了牛羊的当地人，经历着一场陌生的合作。分享和融入方能长久——中国人秉持的道理其实就这么简单。

晚上，营地进行了招工结束后的首次全员消防演习。栾军与员工之间进行了饱含深情的交流：

“第三，我们来自不同的地方。历史上这 3 个地区是有过纷争，但是那只是历史，和你们没有关系。你们现在是谁，现在在哪里？东方物探的营地！

跟当地人搞好关系，能最大程度地拉近彼此的距离，消弭文化差异。

我是一名‘东方物探’的员工，你们也是‘东方物探’的员工。我们是一样的。我们来这边工作，为了什么？为了赚钱！赚钱是为了什么？为了养活自己，养家！当我们完成这个项目，所有人把钱揣在兜里，都可以开开心心地拿钱，回家。因为你们没有谁受伤，或断了一根手指，或一条腿，没有任何伤痛，你就可以回家。

我相信，我们的团队一定可以非常顺利、安全、高效地圆满完成这项工程。”

追访 · 栾军 ／

Q 随着中国人越来越多地走出国门，与世界做生意，如何融入当地的异域文化，你对此有何心得？

A 20 世纪 90 年代，在中国走出去战略的大背景下，诸多国企和个人纷纷走出国门，在世界各地从事各种各样的工作，经营着各类生意。“东方物探”也正是在这一大潮中走出来的地球物理服务公司。

地球物理勘探是劳动密集型行业，一个项目配备的雇员动辄几百人，作业范围少则上千平方公里，项目干系人多而杂。因此，如何融入当地文化，做好跨文化管理，化解文化差异带来的冲突，形成团队的合理，是我们曾经、现在和将来都一直在学习、总结的课题。

以我个人之浅见，简单来说，融入当地的异域文化需要注意以下几个方面：

（1）承认文化差异的存在，正确认识这种文化差异。

（2）识别文化差异，学习当地文化。特别是在宗教、习俗、政治方面要给予充分的重视和尊重。

（3）注重沟通，给予雇员足够的关爱和尊重；要懂得换位思考，纵然有文化差异的存在，但大家在普世的情感方面都是相通、相似的。

（4）构建团队文化，以共同的目标、价值观和团队文化去弱化客观的文化差异带来的冲突。

Q 你是如何去解决在这个过程中遇到的困难的?

A 文化的本质属性就是非强制性的影响力，文化的形成和改变速度是极其缓慢的。在不同国家施工作业，融入当地文化，做好跨文化管理这门功课自然会遇到这样那样的困难。

通常因为文化冲突导致的问题和困难往往也需要从文化方面加以解决。

（1）注重沟通；“沟者，渠道也。通者，顺畅之，理解也”。在因文化差异导致的问题出现时，沟通是解决问题的第一步。要保证沟通的顺畅，激发当地雇员沟通的意愿。

（2）一个合格的管理者，应该更注重的是服务而非管理。关心当地雇员的工作生活，关注影响团队稳定的保健因素，注重影响团队创造力和生产力的激励因素，这样就把可能因为文化产生的冲突解决在萌芽状态。

2

让别人受益，才能让自己获利。全球贸易时代，人们不仅普遍认同这一逻辑，并且开始付诸行动。

婺源地处江西、安徽、浙江 3 省交界，是中国传统的茶叶之乡。洪鹏是婺源最大的有机绿茶出口商，每年 5 月，他都要迎接自己最重要的客户。

德国的威伯公司是他在欧洲的总代理。如今欧洲人冲泡的每 2 袋有机绿茶中，就有 1 袋来自婺源。

客户代表艾苏娜和洪鹏认识超过 10 年。洪鹏深受这位德国朋友的影响：

“我认识的德国人给我的印象是，严谨的办事态度，认真的工作作风，一丝不苟的这种行为，我真是很佩服。所以在我的朋友圈，我有一个外号叫德国佬。”

德国总代理这次还带来了法国的下游客户。洪鹏带着客户到自己的茶园，向她们介绍茶叶的标准：

“机器采茶之前，就像这种标准，就这个，一芽两叶。”

按照婺源人的习惯，清早起来的第一件事就是烧水、沏茶。婺源下溪村的程祖培一家世代种茶。不过，程祖培并没有太多帮手：

“小孩子他们都去外面打工去了，整个农村剩下的都是老人家了。”

喝完一杯茶，老两口就准备动身了。

出村不到 2 里地，就是茶园。有机绿茶的种植不能使用化肥和除草剂，3 亩茶园打理得异常辛苦。

现在正是收茶的时候。程祖培老两口深知其中的艰难：

“冬天还要管，秋天还要挖，春天还要挖一次，种茶的时间，将近也有半年的时间。年纪大了，也挑不动了，搞个几十斤挑起来就够了。”

今天的收获将近 200 斤，生茶就交到村口的粗加工厂。对此，程祖培和老伴充满了期待：

“生叶子今年是一块八（一斤），茶叶价格再多也不会超过 3000 块的。”

茶叶是中国最早享誉全球的商品。今天，茶叶的产销早已形成了国际化链条。然而，处于产业链末端的茶农，收益却极其微薄。

山峦重叠、溪涧纵横的婺源，素有“中国最美乡村”之称。不受污染的自然环境，不仅引来了旅游者，也成为种植有机绿茶的天然之选。当法国分销商游览婺源山水时，核心会谈才真正启动。德国人要落实明年的生产计划，洪鹏则希望把收购价提高一点。

当然，洪鹏也非常熟悉“对手”的性格：

“把握价格最牛的还是德国人，他如果对价格的坚持度比较坚决的话，我们也会考虑他的利益，因为他毕竟是在第一线真正去销售的。”

作为传统的产茶大县，婺源绿茶从明代起就远销海外。但在今天的全球市场上，中国茶叶并没有明显的优势。除非你能找到非你莫属的理由。洪鹏非常明白生意场上的这一“门道”：

“大概这一罐在那里要卖十几块欧元，其实里面茶叶没有一点点，估计50克都不到。”

不过，这些茶叶拥有一枚特别的标志——公平贸易国际认证。洪鹏感受到了这种商业规则的力量：

“这就是公平贸易的标志，这是作为公平贸易产品在超市售卖的。打个比方说，它如果在超市卖6块欧元的话，那可能它会额外加上0.5或者多少，换算成一个数字，买的人除了价格以外，再另外付一笔钱。它的价格组成有2个价格。”

这笔额外的支付，会作为公平贸易返款，直接补贴给最底层的生产者。

在欧美各国，公平贸易作为一项社会运动开展了20多年。巧克力、咖啡和茶叶……这些最主要的公平贸易产品，逐渐被消费者接受。渐渐地，“公平”已成为商品中一味特殊的精神调料。

洪鹏发现，这枚道德标签是打开新市场的准入证。1998年，洪鹏向国际公平贸易组织递交了申请。但这条路，走得非常艰难：

“它（公平贸易规则）里面有好几百条，一条一条的细节，细到什么程度：你男工和女工劳动报酬是否相同，是不是有洗澡的地方，卫生间是不是符合标准，是不是有使用童工的现象，等等。”

作为中国的第一位申请人，洪鹏遇到一个意外的难题。为了保证返款补贴的使用，公平贸易组织要求茶农们要有一个民主的自治组织。洪鹏吃了闭门羹：

“我们最后到总部提交第一次委员会讨论，婺源大鄣山有机茶农协会能不能被批准的时候，第一次讨论是被拒绝的，他们不相信中国农民能有这样的自主权，满足这个要求，好像持怀疑态度。”

1998年的这次申请并未成功，洪鹏被游戏规则挡在了门外。

公平贸易返款打到了茶农协会单独的账号上。程祖培作为分会代表，和茶农们一起

□ 洪鹏带着他的外国生意伙伴和茶农们深入交流，并在茶园里实地考察。

国际公平贸易认证标章是一个独立的消费者标章，目前有 23 个国家使用。产品上印有这个标章代表发展中国家的生产者在这件产品的贸易上得到较公平的待遇。标章由国际公平贸易标签组织（FLO International）代表 20 个公平贸易倡议者所拥有与保护。

带有这个标章的产品，必定来自于公平贸易认证组织（FLO-CERT）所认证与督察的生产者。该产品的种植与收成都符合国际公平贸易标签组织所规范的公平贸易认证标准。供应链同时也受到 FLO-CERT 的督察，以确保产品的完整性。只有被授权者才可以使用这个标章。

标章的图样所呈现的是一个欢呼的人——代表生产者透过公平贸易获得了公平的交易，同时也代表消费者透过公平贸易商品，知道自己做一件与众不同的好事。

商议，如何使用这笔返款补贴。程祖培在会上作了如下发言：

“由于我们这个村庄是两水交界、两水汇合的一个地方。老百姓都是住在临河的。”

程祖培提议，用返款维修河边的路灯；也有人提议修建垃圾焚烧炉；还有人提出，干脆把返款直接补贴到收购价中。溪头乡茶农协会分会长对“民主”也有自己的想法：

“个人的想法可以提出来。按自己的思路去提，这也是一种民主吧。”

当初，就为村民自己做主这一条，洪鹏花了 2 年时间才找到解决办法：

“我们当时也是动了很多脑筋，最后我们发现我们中国当时有一部法律叫《村民委员会自治法》。我们后来把其中的村民委员会的主任是由农民直接选举的，不是上级委派的，这一个关键点（提出来），所以说作为西方来说他很敏感这个，直接选举的村委会主任，他认为是很客观的。”

公平还是一个遥远的理想。不过它所代表的价值取向，可以在细节中贯彻。

每年冬天，洪鹏会迎来另一位重要客人——公平贸易检查员。公司出口的茶叶中，有 70% 是作为公平贸易产品销售的。既要确保茶农获益，也要确保消费者买到高品质产品，这是对双方都应有的公平。洪鹏逐渐学会接受规则，并用规则来指导自己的工作：

“每年的年度检查，如果我们不认真去做的话，你可能就会受到警告。甚至给你公平贸易认证过不了关，所以这些反而促进我们对自己从严要求。”

看上去，这是辛苦劳动的茶农和高价购买的消费者之间的契约。但对商人洪鹏而言，公平——这一社会价值，带来了实在的销售增长。

返款补贴马上就要发放。经过商议，茶农们决定把补贴最先用于教育。在中国农村，教育仍旧是改变命运的主要出路。对于农民的孩子，这样的鼓励，或许可以体现出“公平”的意义。

追访 · 洪鹏 /

Q 你与德国商人打交道，对你的经营之道影响很深，你是如何把这些经验带到你自己的管理当中?

A 将近 20 年与德国人的合作经验给我的影响深刻，更具体来说，我要求更加严谨的工作态度，强调诚信是企业重要的竞争力，因为，产品品质是任何一家企业的生命!

Q “公平贸易国际认证”对你的产品来说，意味着什么?

A “公平贸易国际认证”对我们的产品来说意味着生产者透过公平贸易获得了公平的待遇，消费者可以通过购买我们的产品以达到帮助生产者的目的。

3

2013 年 12 月，第 27 届东南亚运动会在缅甸举办。2 年前，缅甸结束了近半个世纪的军政府统治，这个封闭已久的国家，试图通过一场盛会向世界展示它全新的姿态。

缅甸“达各亚”是一个在地图上几乎找不到的地名，缅甸国家柴油机厂就隐藏在丛林之中。这天，达各亚迎来了一位重要的国家首脑。副总统吴年吞前来出席柴油机厂三期的落成仪式。承建这一工程的，是中国商人刘建业。他遇到的是一个特殊的商业环境：

“工厂在建设的时候，这个国家还不是选举出来的总统，但缅甸这个国家需要这样大功率的柴油机。”

军政府时期，中国是少数和缅甸保持经贸往来的国家。一个偶然的机会，刘建业承接了缅甸的政府项目。如今，市场打开，他更想在新开放的热土上试试身手。

置身于缅甸第一大城市仰光，飞驰而过的汽车会让初来乍到者感到不安。车是靠右行驶的，方向盘也在右侧，同时还伴有少量左舵。车牌同样五花八门，传统的缅文之外，也出现了世界通用的阿拉伯数字——秩序尚未建立，冒险家们纷纷到来。

“瑞邻”是一家以华人为主要服务对象的房屋中介。在这里打拼的中国商人深知风险的存在：

“风险任何时候都有，做任何生意都有风险。可能也是第一批倒下的那批人吧，因为开市场很难嘛。”

从房屋租赁起步，这家中介公司把业务拓展到了土地买卖。多方都参与到这场博弈之中。

台湾地产商：之前我在台湾也是在做这一块，其实台湾做这一块已经濒临饱和，可是只有在缅甸，它是有一个突飞期。

缅甸土地所有者：手中有土地要卖，同时作为合资经营。这两点对我来说都是可行的。

中介公司老板：仰光现在生意好做，不只是国外的人进来，其他二线、三线的城市也来，所以你说这些开发出的楼盘，到目前为止，据我所知，还没有卖不出去的。

有人将缅甸称为亚洲最后的商业处女地。机会似乎无处不在。酒店和高端住宅价格飞涨，刘建业决心进入仰光的房地产市场。

刘国栋在缅甸生活了 10 多年，他手里有 1 块不错的土地。

刘国栋：这个地方相当于上海的东方明珠，那对面是陆家嘴，相当于那个位置。

刘建业：现在的地价是多少钱啊？

刘国栋：现在地价 1 英亩二百万到三百万美金。今年涨了 30 倍，原来 1 块地皮 1 万美金，现在 30 万了，还在涨。

刘建业：在这个地方的楼价是多少钱啊？

刘国栋：楼价，现在还没有楼价，因为现在还没盖，全是空地啊。

刘建业的雄心是打造缅甸开放之初的标志性建筑。所以，眼前这块土地他打算稍后再布局。

被称为东方佛国的缅甸，超过 90% 的国民笃信佛教。商业大潮的涌入，让这里迅速喧嚣起来。visa 卡前脚跨入，万事达和银联就已跟进。一方面，手机号码还作为紧俏商品被炒到 3000 多元人民币，与此同时，手机支付也已经开通。

然而，缅北地区一直战事不断，刚刚开始改革的国家并不平静。

□ 商业大潮的涌入，让安静的“佛国”成为“冒险乐园”。

就在东南亚运动会期间，缅甸的各大报纸爆出一条消息：反对党为了获得 2015 年的大选资格，要求修改宪法相关条款，否则将采取抵制态度。

如同每一个新兴市场一样，生机勃勃的背后，隐藏着不可预知的风险。可风险挡不住刘建业的脚步。他相中了缅甸人麦克妞妞在市中心的一块土地。他带着诚意上门去拜访。

这位 1992 年下海的中国商人，深知勇气和冒险对于开拓者的意义。经过商谈，双方达成了合作意向。

翻译：他觉得你是上帝派来的，与他合作的，上帝派来的，他对我们项目充满了信心。

刘建业：虽然我不像麦克妞妞一样信奉上帝，但是对上帝我也是敬畏的。我们有这一次合作的机会，这是你说的，是命运、上帝的安排才叫我们这么快地结合到一块儿，来做这么一个好的建筑。

众人：干杯，圣诞快乐！

麦克的父亲，曾担任缅甸摆脱英殖民独立后的第一任大法官。军政府上台后，一家人移居到了澳大利亚。

市中心的土地资源堪称稀缺，刘建业志在必得。但同时，它也引来了韩国和日本开发商的强烈兴趣。

军政府统治结束后，仰光城市管理委员会对未来进行了重新规划。仰光市政规划官员如此憧憬未来：

“目前仰光人口是五百万，到了 2040 年，这个城市人口将达到一千多万。因此作为一个百万人口的城市，我们未来 30 年都将面临巨大的挑战。”

政策释放出的巨大红利，让世界对缅甸充满期待。刘建业敏锐地捕捉到了这种力量：

“它的土地产权非常明晰，老百姓自己手上的地那就是自己的，这个市场配置资源，是非常有力量的。”

在当地最著名的一家缅餐馆，达成合作协议后，麦克妞妞一家用宴请来表达心情。如果一切顺利，一座地标性建筑将在 4 年后矗立于仰光市中心。

回国前一天，刘建业到仰光船厂拜访一位老朋友。10 年前，他正是从这里开始与缅甸结缘。这里的变化让刘建业感慨万千：

“船厂变化很大，比原来繁荣得多了，原来的时候他修的船就是国家的，现在呢包括这个新加坡人、马来西亚人，他们的船也都来这个地方修。”

在船厂偶遇了一个新加坡客商也表示：

“我们来寻找新的商业机会、更低的价格。”

就在离开缅甸后不久，由于分歧，刘建业和麦克妞妞最终解除了合同。新市场风云变幻，精明的商人都懂得因变而变，中国人依然在等待未来的机会。

追访·刘建业

Q 在缅甸这样类似“冒险乐园”的新兴市场上试试身手，你的感受如何？

A 在普通人的眼中，冒险乐园是险地，在冒险家的眼里是乐园，所以，我认为，冒险家最大的乐趣是把冒险乐园当迪士尼乐园玩耍！

Q 你是如何去解决这其中可能遇到的任何问题？

A 在一个法制不健全的领域里遇到的任何问题都是由人制造的，解决任何问题的唯一途径是找到制造问题的人。解铃还须系铃人！

4

总会有一些人，在貌似不可能的环境中看到希望。世界往往是被这些人改变的。

清晨，位于甘肃省甘南自治州的仁多玛的村民从四面八方赶往村子的西头，他们即将作为工人迎来新的一天。

8 点半，工作准时开始。清洗过的牦牛绒被纺成线，再织成不同薄厚、不同花色的围巾。经过熨烫、整理，这些围巾将被贴上各大时尚品牌的标签，出现在世界顶级的奢侈品商店里。

仁多玛位于中国甘肃省南部的甘南藏族自治州，海拔 3200 米的高原小村里，住着 200 户藏民、6000 头牦牛和 20000 只羊。仿如仙境的仁多玛深深地吸引并打动着德清：

"我第一次来这里，就被这里的人和自然所吸引，我想这真是一个远离现代生活的世外桃源。"

德清是手工作坊的负责人。母亲金姆是美国人，精通纺织和设计。工坊取名"诺乐"，这在藏语中是财神的意思，也是牧民对牦牛的称呼。

不过，德清的创业起初遭遇了一些困难：

"当我们最初萌生这个想法的时候，很多人觉得我们疯了，没人相信我们。我们认为，如果我们把资金都投入到生意里，创造更多就业岗位，最终总会有回报。"

安静的仁多玛村，一直保持着世代沿袭的传统。由于交通闭塞，有的村民甚至从未出过村庄，除去放牧和挖虫草，没有任何额外收入。直到 2006 年，德清母女来到村里，她们给安静的村庄带来的不仅仅是生意。

金姆亲历了这里的每一种变化：

"以前，人们满足于他们的生活中有的东西。但是现在他们想要更多，尤其是年轻人，他们想要电视、电话、摩托车，甚至是汽车，他们需要现金。如果只靠放牧，是买不了这些东西的。"

生产总监桑吉在工坊询问着生产进度：

"工人会不会按这个做？"

桑吉是德清在仁多玛认识的第一户牧民。他非常感谢德清：

"自从第一次遇到这儿的老板，我的放牧生活从此就被改变了。"

□ 在“诺乐”工坊里，传统的“牧民”正在学习成为新型的“工人”。在这里，他们不仅学习生产技艺，也学习现代规则；他们向外界输出产品，也在为自己创造财富和新生活。

从没上过学的桑吉从最基础的捻线学起，现在已经是工坊的生产总监。他和工人们讨论着产品的质量问题：

“这里、这里。这是断了还是怎么了？你数一下，有多少个这样的（有缺陷的）？剩下的我们一定要尽量做好！”

桑吉要调查清楚，围巾的质量问题究竟出在哪里。他心中有数：

“问题出在两方面，一个是网子的问题。另外一个是染色的问题，出在工人身上，刚才跟工人说了，他说以后会注意。”

产品检查是桑吉的职责所在。但大家都是一个村子的人，祖辈相识，说话不能伤到自尊。

不合格的产品被送到库房，工坊要把残次率控制在 2% 以内。客户总是挑剔的，不过德清更愿意传递信任和包容。对此，德清和桑吉都有自己独到的理解：

“你要想让你的项目成功的话，你与你一起工作的人之间必须彼此建立信任。”

“从前的工作换了，这样一个全新的工作。由于自身一些不足或缺陷，完不成的时候，我会觉得自己不配得到这样的工作。”

诺乐每天的早午两餐是免费的。120 多名员工，从接受培训起，就可以领工资。不同于一般的企业，工坊创办的初衷并非盈利。德清有自己的打算：

“最主要的目的是给牧民提供一个跟现代生活接轨的机会，另一方面也想，依靠当地的原材料，为他们提供一种生计来源。”

保留传统的同时，把牧民带入现代生活。有人把这种以商业方式实现社会目标的企业叫做社会企业，经营这样的企业让德清感到责任重大：

“因为比起 NGO，我更相信生意本身。我相信生意会更具有持续性。你必须确保可以销售掉产品，与此同时，你要保证员工努力工作以达到要求。”

在偏远的高原上和世界做生意，需要每个人都做出改变。

下午 1 点半，是办公室人员固定的培训时间，主讲人是负责外贸销售的道吉。今天的培训内容是纺织行业的专有名词。“80 后”的道吉是一名外乡人，他曾在拉卜楞寺学习了 2 年英文，又去青海学了 3 年藏语。工坊创办时，刚刚毕业的道吉来到了仁多玛。工作了几年，道吉在这里收获颇丰：

“下班以后我大多数时间花在看书上，然后就看电影，就这两个。《战马》，我特别喜欢。我觉得我这个工作每天都不一样，不断学到新的东西。真的，德清是我最重要的一个老师。我第一个老师是桑吉东智的叔叔嘛，我知道的所有的东西，大多数都是这两个人传过来的。”

距离仁多玛大约 200 公里的夏河县，坐落着建于 17 世纪的著名寺庙拉卜楞寺。对于附近的牧民，除去朝圣，这里也是各类日用品的采购地。

第一次来到仁多玛时，通到村里的只有一条泥泞狭窄的土路。23 岁的德清以为帮助妈妈收集好做牦牛围巾的原材料就完成了任务，没想到接下来考察、招工、培训，渐渐就在甘南住了下来。

3 年后，她嫁给藏族小伙子一旦，有了两个女儿。

这天，德清和丈夫一起到表弟家，为新一季的产品拍摄目录。德清明白宣传的重要性：

“我们试图通过照片告诉消费者，制造商品的人是谁，为什么这些产品是原创的，为什么你不可能找到相似的产品、生活经历和生活环境。”

高原上的天气瞬息万变，一场暴雨马上就要到来。德清一家和表弟拉起了家常。

德清：特别是每到当地的节假日的时候，所有的人都会跟家人一起去庆祝节日，每到这时我都会想起我的家人不在身边。

德清：你们的牦牛毛是从小牦牛身上收集的吗？

表弟：对，是小牦牛身上的。

一旦：价格好的时候在这卖多少钱？

表弟：好的时候 10—15 元钱。15、16 元这个样子。

就像高原的天气，商业的气候同样变化莫测。法国总代理每年都会来到仁多玛，商讨下一年订单的品种和数量。

作为“诺乐围巾”的总设计师，金姆每年至少要在仁多玛待上一个月，针对国际潮流推出两套全新的系列。但德清要面对的问题远比母亲复杂得多：

“（客户）可以知道产品来自哪里，由谁制造的，以及产品背后的故事。但是这只是介绍，最终还是看产品。你不能期望人们感情用事。”

市场在扩大，新的问题接踵而来。

几个订单同时下达，交货日期相差无几。依靠纯手工的作坊不可能马上把新员工培训出来。不仅如此，德清还随时可能面临员工的流失。

德合拉是仓库保管员，不久前离开了工坊。他为自己的离开给出了理由：

“工作也不是很难，怎么说呢，是因为自己从小跟牛羊一起长大，所以我还是觉得放牧比较好。因为我从小就放牧。”

德清认为即使离开，也必须遵照一定的规矩：

“我不会针对某个人，也不能说是生气，我在意的是你离开的方式。如果你按照规定提前 1 个月通知我们，那我就觉得这没问题。”

并不是每个人都能适应“朝九晚五”的约束。肉价上涨，也吸引着人们回到熟悉的放牧生活。

工人可以选择做回牧民，但生产还得在规定时间完成。一向自由自在的藏民感觉到了从未有过的压力。

这时免不了会有人议论，德清一家来到仁多玛就是为了赚钱。

“某些人会揣测和讨论我们，对我而言这很伤心。因为这不仅仅是钱的问题，还有我们的家庭，以及，我全部的青春，都花在了这里。这也是我的母亲总是跟我讲的道理：记着，我们不是要试图得到他们的感谢。我们只是在做认为是正确的事情。我正在学习如何把这些事不往心里去。这也是利于成长的好事。”

每一步成长都需要坚持。从 10 年前试验出第一条牦牛绒围巾，到现在年产量超过 1 万条，诺乐成了仁多玛的一员。让牧民在自己的土地上，享受自己创造的价值。

高原上的小工坊，尝试着用商业的力量，嫁接传统与现代。

追访·德清

Q 在偏远的地区去经营生意，跟在大城市做生意，会有怎样的不同?

A “诺乐”在偏远地区经营的两个最大的挑战是人力资源和基础设施的缺乏。我们没有足够的人力资源。我们的目标之一是成为偏远地区的就业来源，使当地人不被迫迁移出村庄。因此，我们与当地人达成协议，我们不会带入外面的人，除非是培训师。多年来，我们已经培训了很多生产经理、部门管理、会计师、销售人员和工匠。这是一个挑战，但得到了令人难以置信的回报。大家的进步是很大的。

第二个挑战是从最近的城镇合作通往工坊缺乏良好的道路。当项目刚开始时，有很多次，我们的车都陷入了泥水或冰坑中。现在，道路已经改善，还通了互联网。一开始的5年里，缺乏互联网使我们与外部世界的沟通具有极大的难度。我们往往需要开车1个小时到最近的城镇，然后去网吧才能发一封电子邮件。这些改善历经多年。最后，缺乏充足的电力等基础设施迫使我们需要更多的投资。

Q 你面对的最大问题是员工的问题，你是怎么解决的?

A “诺乐”面临的挑战之一是在培训的过程中。一开始，我们必须树立当地游牧民的信心，并确保他们看到我们的愿景——一个小小的工坊，却能生产世界上最好的牦牛毛制品。我们很快意识到，要培养高技能和高专业的工匠和管理人员，我们必须让他们的劳动有所得，并让他们全职奉献给“诺乐”。这意味着，即使在培训期间也需要大量的现金流。这对于一家新公司来说，是不可避免的挑战。后期会出现一个“雪球效应”——当地人会看到他们的邻居、姐姐或阿姨在“诺乐”中担任某个职位，从而激发自己也参与其中。这种意愿和信念缩短了训练的时间，每个人似乎更容易找到他们在工坊中的位置。员工们也开始重视他们的工作和职位，因此，让员工按时上班和遵循一般规则就更容易被执行。

□ 在肯尼亚村庄拍摄。

我导·我说

与全世界做生意

A BIZ DATE WITH THE WORLD

转眼间《与全世界做生意》的拍摄制作已经是2年前的事情。记得2012年的9月15日，以前的老同事张铭欢打来电话，说有个叫《与全世界做生意》的项目，作为这个项目的执行总导演，他邀请我加入。与全世界做生意，好有挑战性的题目！那时，女儿刚上幼儿园，正在寻找新选题的我一下被挑动，没有太多迟疑，我答应下来，没想到这一做就做了整整2年。

2年间，从一个对生意一无所知的“文艺青年”，到第一次学习从经济的角度思考问题；从一个热衷公平、环保的“理想主义者”，认识到梦想一定要扎根在现实的土壤才能避免空谈；从对商业避之唯恐不及，到客观地看待商业本身，以至在结束这部片后的第二年，人生中第一次尝试着做起了微商。不得不说，这部片彻底改变了我对商业的看法，也给了我另一种看待世界的角度。它使我明白，在现实的层面，你只有满足了对方的需求，才能实现自己的诉求。

商业的最终目的是什么，未来的利润在哪里，这个题目让我足足思考了2年。除去创造财富，商业能否帮助社会实现共同富裕，能否让地球更加健康？商业，能给这个世界一个更好的未来吗？

婺源绿茶讲述的就是一个有关商业与公平的故事。江西的茶叶出口商洪鹏是中国加入世界公平贸易组织的第一人。在见到洪鹏前，我满怀着对一个仁慈商人的期待，见面后，他身上无时不散发出的随机应变告诉我，这才是生意的根本。在和德国人做生意的过程中，为了扩大销售领域，洪鹏费尽心思，花了2年时间，最终叩开国际公平贸易组织向中国关闭的大门。逐利是人类的天性，但无法泯灭的人类良心，同时也设计出了“公平贸易”的商业规则。消费者直接补贴底层生产者的贸易初衷，也让精明的商人尝到了甜头。从1997年加入公平贸易组织至今，洪鹏公司的销售额扩大七成。而对于产业链最低端的婺源茶农，每年的公平贸易补贴，他们则一直用来奖励教育，在中国农村，这仍旧是改变命运的主要出路。去年，洪鹏的公平贸易这盘棋有了新的局面，在德国海德堡大学有机农业专业的儿子学成归国，即将成为公司的接班人。

与此同时，另一个藏族女孩德清则用她的人生，讲述着如何通过商业手段实现社会理想的动人故事。诺乐工坊，一家高原上的手工作坊，通过将牦牛绒这种全新材料加工成围巾，将产品打入了世界顶级奢侈品市场。有着一半藏族血统的德清在做这件事情的时候目标明确：创办“诺乐”，目的不是盈利，而是给在艰苦环境中寻求生存的藏民带来一份放牧以外的收入。23岁那年，德清从美国电影学院毕业，来到藏区的这10年间，从认识第一户藏民，到招聘第一批工人，到如今年产2万条围巾，拥有120名员工。与此同时，当年那个清瘦的小女孩也在这片土地上扎下根来。她在这里成了家，并且有了两个女儿。德清说："为什么我的初衷不是盈利，因为没有人为了利益，会来到这样一个路都不通的闭塞村庄，不仅拿出家里的大部分积蓄，并把自己的后半生都交给这里。但是，要想帮到藏民，让他们在家门口找到一份安稳体面的工作，我们必须实现盈利。"10年来，通过打入世界奢侈品市场的牦牛绒围巾，德清为甘南仁多玛这个不知名的小村庄的120户藏民改善了生活，也让自己的人生变得更有意义。

两个不同的故事，都触碰到商业以外的人类理想。此刻，在商业规则和美好愿景之间，我更愿意先谈规则。提供消费者满意的产品是商业运转的根本，只有销售额达到一定规模，商业以外的社会价值才可能实现。帮助生产者，尽管这不是洪鹏的初衷，但在公平贸易的框架中，事实上茶农受益了；为了改变藏民的生活状态，德清把自己献给了这片土地，但如果产品没有市场，情怀就成了一纸空谈。

2016年春天，怀着对商业的崭新认识，入戏太深的我跃跃欲试，准备开始人生中一次小小的冒险。第一次做产品，第一次定价，第一次成交……惊奇不断展开。甚至其中，还加入了公平贸易的环节。原本的朋友因为商业这个介质重新连接，纷纷呈现出不曾触碰的另一面，同时置身商业环境，自己一不小心也暴露出人性中小小的弱点。而商业还是那副冰冷的样子，诉说着自己的规则——先满足对方的需求，才能实现自己的诉求。

这就是商业。一个媒介，一个规则，无所谓好坏。它需要聪明的头脑去驱使，它需要强大的内心去驾驭，同时它也具备强大的能量改变世界。至于说未来的利润在哪里，我仍旧没有找到答案。商业自身谈不上未来，是人类决定着商业的未来，那么，人类的未来在哪里？这个问题，无解。

第七集导演　李燕

□ 在婺源拍摄茶农采茶。

正如洪鹏所说：
“如果你说我是有什么高尚的东西，
我只能回答不是，其实我更考虑长远。
你不放水养鱼，生意不可能长久地做下去。”

生意承载着人类无尽的欲望和智慧。
欲望让我们前行，而智慧让我们思考如何前行。

也如德清所说：
“这个生意有着强大的基础，这是一项未来的生意，
也许不是我们这代人能完成的。
这是我努力为了下一代而做的事业。”

未来的利润，
属于共同创造美好未来的中国和世界。

第七集

驼马由来拥“心”门

（编辑手记）

尽管受到“重农抑商”理念的干扰和束缚，与全世界做生意，却是有汉以来，历经唐、宋、明几朝的更迭和发展，中国人始终与外族构建某种关联的手段和通路——贸易，不仅仅意味着铜币抑或白银的进出，更在无形中彰示着君王意志、集权、国威、外交、文化、物种、生活方式。《资治通鉴》中所载：“是时中国强盛，自安远门西尽唐境万二千里，闾阎相望，桑麻翳野，天下称富庶者无如陇右”便说尽了天宝末年丝绸之路上的盛况。

驼队，船队，丝绸之路，茶马古道……在对外贸易这条路上，我们的老祖先可谓是筚路蓝缕，每一段丝帛、每一件瓷器、每一撮茶叶里均饱含他们的心血、苦累。好在 21 世纪的人类文明已达到极高的程度，比如，从《与全世界做生意》片头的动画中便可见，一条条“商道”上的汽车、飞机、轮船等现代工具穿梭如箭，在中国与世界各国之间钩织起一张张贸易大网，让“生意”变成不同国家、种族、人群之间对话的“语言”。我也尤其感谢这些交通工具带来的加速度，帮助我穿越回三年前，闯入周艳、刘戈、张旭、张铭欢、马羽洁、杨晓清、胡珩、李燕等创作团队的选题会上，倾听他们当日如何用思想的碰撞、口舌的交锋、解说词、画面和音乐之间的融通来向世人奉呈出一部如此有温度、血肉的影像档案。

本片的创作团队多来自《大国崛起》《公司的力量》《舌尖上的中国》等剧组，当年，我本人就是这些优质纪录片的忠实拥趸，被这些制作者们精妙的创意和艺术表现手段深深打动过。《与全世界做生意》的制作班底可谓是精英荟萃，赋予了我打造本书的强大信心，也给我带来了无形中的压力。讲真，我们出版行业所称的“电视类图书”，从影像到文字的转化，看似容易，实则是要在不同的符号体系——影像和文字、电视节目和纸质图书——之间完成切换，跨界合作充满挑战，自然考验经验和智慧：许多囿于篇幅无法收录在纪录片中的内容需要补充；只用画面而没用解说词表述的镜头语言需要再现；片中人物和编导可能还有许多未能尽言的心里话；宏大的时代背景往往只能一笔带过……如果只是简单地、一字不改地照搬脚本，加上一些截图，这本书就太把读者当傻子，我曾是《故宫》《台北故宫》《从卢浮宫到紫禁城》等纪录片图书的读者，所以，我深知，但凡市场上畅销的电视类图书，无一不是编辑下了许多苦功，植入了诸多巧思的“回炉之作”。

在我看来，做生意的要诀之一就是沟通。在接到打造《与全世界做生意》一书的任务后，我反复地研看了好几遍片子，为的是在接下来工作中，掌握并行使作为编辑的“话语权”。在第一次与制片人张旭碰面时，我就向她较为完整地介绍了编辑思路、全书的整体样貌以及需要创作团队配合完成的额外工作。大概是功课做得好，准备充分，诚心与诚意打动了张旭，很快建立了愉快、高效的合作关系。谈笑间，我仿佛片中和老美谈判的张仁武一样，在和《与全世界做生意》栏目组谈一桩文化方面的生意；我也仿佛从本片的观众摇身一变，化身图书项目中的“总导演”，指挥各集编导、片中人物和我一起共同体验“二次创作”的快感、艰辛。

当然，所有的“生意”都不是一蹴而就的，其间必然要历经若干变数。离《与全世界做生意》制作首播已经几年过去，与固定带状播出的栏目不同的是，纪录片的创作团队本就灵活、机动，三个好汉来自四面八方，也能凑成一台戏。所以，随着制作完成、栏目组解散，当年的编导们早已各自回到各自的岗位上，或身缠于其他项目，或离开电视行业。让他们配合我完成诸多工作，实现创新，首先需要时间，其次需要激情。所幸，在制片人张旭、制片统筹张鹏的支持下，7集编导仍然在规定时间内，完成了“我导·我说”。看得出来，时间并没有消磨他们当日的才思，在他们特意撰写的7篇“编导手记”里，沉淀了几年的他们，越发加深了对“生意”“纪录片”的理解。更何况，他们在文字中展现出来的才华和思想，让我在编辑过程中常常击节叫好，除了必要的文字、格式上的规整，几乎不忍心再做任何删改。总导演周艳贵为CCTV9的副总监，仍在百忙之中拨冗为本书撰序，费心妙笔让我也甚为感动。我相信，他们所忆及的当日和片中人物的交集，执行当集创意过程中的身心方面所产生的焦躁，都是对本片原有内容最为夯实、强悍的补充。比如，我从第三集编导杨晓清的叙述里，看到了既与片中保持一致又更加真实、鲜活甚至赤裸的陈凤凡，体验到了人性的多面。

也感谢这些编导们，想尽一切办法联系到了片中人物，尽最大努力让他们回答我提出的“追访”问题，娓娓道出他们当日可能面对镜头不便、羞于或出于其他缘故未曾尽言的心里话。但稍感遗憾的是，毕竟时隔经年，光阴遽变，早已是“天上一日，人间千年”，因为种种原因，从编导们那里传来的消息是，许多片中人物竟然联系不上，或者发生了重大的人生变故。比如，玉石商人马罗刚已换了手机号，我想，但凡暴富路上，一直都是与生死攸关的，危险与机遇同在，那个本就充斥着冒险的帕敢地区屡屡上演着一夜暴富、一夜赤贫的惊心动魄，要不，为什么他的祖先会积累下无数荡气回肠的传奇？在片中，玉石商人雷凤霄、蒋恩悌已经陈述过那片土地上的各种恐怖。我想，我只能遥祝马罗刚一切安康。还有，那个操持着一口外国腔中文、反复念着公司口号的可爱的意大利小伙子泰峰已经离开了顺丰。那个快人快语的重庆妹子刘希也不在“渝新欧”工作。李海彬关闭了在印度的小客栈，携家带口前往美国发展。武寒青不幸罹患绝症，正与癌魔展开殊死搏斗，从新闻报道中我看到了她的坚强。陈凤凡终于接过了父亲的衣钵，从内心的排斥到最终说服自己，我不知道此间他到底经历了怎样的内心跌宕？当然，这期间发生的最重大的变化当属2016年9月22日华大的国家基因库的正式开业。国庆假期间，我躺在床上，翻看微信公众号的内容，无意看到此条消息，立马从床上蹦将起来，兴奋无比。后来接到传过来的汪建关于“追访”的答复，话语间仍然充满霸气、飞扬、满满的自信，跟片子中我认识的那个他一脉相承。我和张旭、张鹏在交谈中，皆重点提到过他，我想，我们太需要这样的“中国表情”和“中国力量”。这与裴康凯武术学院里的孩子们在美国传扬中华功夫的精气神、恒大足球学校的孩子们孕育着中国足球的明天一样，让人们总能看到一种希望。

从节目制作到本书出版的这几年间，斗转星移，物是人非。我在为书稿配图时，用播放器一帧一帧地，力争截获最令人动容的画面，体验了一把剪辑师的艰辛。最重要的是，我着力抓取片中人物的表情，在每集后的排图里整体呈现，比如，在日本当声优的 KK 双手捧着脸，似是喜极而泣；在意大利开店的克里丝蒂娜说起远方的祖国、家时，眼角满是泪水；吴福斌的妻子和姐姐尽管腰缠万贯，可却有女人的抱怨，脸上似乎有不快乐的神色；林洁头靠着车窗，满面的落寞；张力刚开着车用家乡的“老腔”喊出他的心声；徐志明对手艺的坚守遭遇国外客户的刁难，一脸的无奈与困惑；李文英和认识多年的李安已成闺蜜和最佳损友，互相拆台后，肆无忌惮地放声大笑；谈判桌上的商人们面带着他们这个群体特有的敏锐、神秘甚至是狡黠的笑容……其实，我不想“消费”他们的喜怒哀乐，只是在我看来，当“人”的元素被无形放大，商旅就是人生之旅、心灵之旅！从片子到书，他们都是最好的案例，我想，千万观众和读者都跟我一样关心：这些生意人牺牲了什么，收获了什么？如果感情世界也遵循生意场上的等价交换原则，那么，他们付出的点滴，是否可以得到相应的回报和返还？

作为电视产品的一种类型，纪录片有自己独特的叙事结构和手法，有时是情绪饱满的，有时又是隐忍含蓄的，所以，常常可能略去许多背景材料。但图书的优势在于体量更大，结构更为饱满，叙事更为优雅舒缓，容得下“絮叨”，于是，我用“小贴士”的形式为读者补充了相关的背景材料，以便于阅读时参考。于我本人来说，编辑这些资料，更是一次难得的学习机会。我相信读者会和我一起了解到“走出去战略”“基因工程”“去海外种植”“南极条约”“国际公平贸易认证”“丝绸之路上的伊犁”“侨乡和顺”“红帮裁缝”“荷兰式拍卖”“重庆的经济飞速增长”“‘渝新欧’对于中国的战略意义”“中日动漫产业的交流”等，我也希望通过这样的辅助性的“添油加醋”，读者们能更深刻地感悟片中人物的一颦笑、一蹙眉、一动怒背后的深意，以及张华荣、陈政、张小龙等人作出重大的经营战略选择背后的时代、政策背景。这如同著名音乐人小柯为本片所作的配乐，旋律的变奏、大提琴跳弓的运用富有强烈的时代感，每一个音符皆紧紧纠缠着画面，似乎也生出了嘴，在给我们讲故事——讲丝绸之路的兴盛与荒凉、繁华与荒废，讲每一个普通人因为生意而生发出的情绪碎片。

“时代的车轰轰地往前开。我们生存在车子上，经过的也许不过是几条熟悉的街道，可是漫天的火光中也自惊心动魄。”

商业浪潮中处处充满了张爱玲笔下的这种诱惑、躁动感，每个人都无法置身事外，如第七集编导李燕，或许是受到此片的影响，在结束此片后的第二年，她也加入到“微商”的行列，摸索出她自己的“生意经”，在“一带一路”的宏大背景下，“与全世界做生意”已不是国家行为，而是每一个国民创富的机遇。

编辑《与全世界做生意》一书也是一场生意，我用我自己的想法、心力作为筹码，交换回了以上提及人物的生平、心声、智慧。于是，把经过精心编辑的书稿交付印制的那一刻，我可以把杜甫那句形容贸易之盛的“坐拥驼马拥国门”中的“国”改为“心”，感觉自己就像一个精神富翁，内心收获了满满的殷实、富足。

本书策划编辑、责任编辑　潘飞

《与全世界做生意》获奖情况（截至 2016 年）

2015 年 10 月

第 21 届中国电视纪录片系列片十佳作品

中国电视艺术家协会电视纪录片学术委员会

2015 年 11 月

第九届“纪录 · 中国”创优评析社会（新闻）类一等节目

中国广播电影电视社会组织联合会

2015 年 11 月

2015（第十三届）四川电视节“金熊猫”奖国际纪录片评选

社会类纪录片大奖

四川电视节“金熊猫”奖国际电视节目评选办公室

2015 年 12 月

光影纪年　第五届中国纪录片学院奖　最佳国际传播奖提名

中国传媒大学　中国纪录片研究中心

2016 年 6 月

第十届“纪录 · 中国”创优评析社会（新闻）类一等节目

中国广播电影电视社会组织联合会

2016 年 5 月

2015 年度优秀节目奖三等奖

中央电视台

《与全世界做生意》主创团队

总编导　周　艳
执行总编导　张铭欢
制片人　张　旭

编导　马羽洁　杨晓清　胡　珩　李　燕　胡培培　翟明阳　侯宪达
策划　刘　戈　刘　颖　新　望
摄像　安同庆　陈尔东　董种晨　段　坤　付　鹏　李继松　刘海舰
刘鹏飞　刘　睿　加洋昂秀　王梓贺　曲立岩　徐　兵
徐　瑶　杨　洋　张　洋　张又鹏　郑　毅　甄　宇
录音　许路平　宋　伟　胡东明　赵　军　钱广峥　李　硕　匡　赣
赵湘襄　徐钰坤　费桂将　张培帆　盛　超　张　弘　杨明聪
白　阳　王　德　孙瑞雪　郑正光

作曲　小　柯
演奏　小　柯　马晓飞　陈　墨
解说　吴　疆
音频制作　吾爱吾乐

视效导演　刘　华
制作统筹　孙　凯　周海辰　陈　颖
视频技术　中视北方
责任编辑　魏　巍　郝蕾蕾　罗朝璋

制片主任　李　慷
制片统筹　张　鹏　苏丽娅
国际制片　任文文　刘升升　全　韬　何　旭